상담학 논문 작성을 위한

내러티브 탐구

Narrative Inquiry

양유성 · 한계수 · 조난영 공저

학지사

머리말

상담학을 전공하는 대다수 대학원 학생의 경우 질적 연구보다 양적 연구를 선택하는 경우가 훨씬 많다. 그들은 자신의 치료적 접근 방식이나 프로그램에 대한 효과성을 검증받고 싶은 마음이 크고, 그에 따라 치료 효과를 높일 수 있는 방안을 모색하고 싶어 한다. 때로는 정량 평가를 중시하거나, 통계 분석을 선호하는 외부 기관의 기대와 요구에 맞춰야 하기 때문이기도 하다. 또한 심리학에 영향을 많이 받는 상담학의 경우 연구 방법에 있어 전통적으로 오랜 세월 동안 양적 연구에 깊이 의존하였다. 수리적으로 정확하고 편리하게 구조화할 수 있는 과학적 연구의 특성 때문에 양적 연구가 오랜 세월 심리학계와 상담학계를 지배해 왔으나, 상담학은 객관적 관찰이나 조사가 어려운 인간의 심리적 동기나 심층적 정신세계를 다루는 학문의 특수한 성격으로 인해 지난 수십 년간 질적 연구의 방식이 확대되고 있는 실정이다. 그러므로 질적 연구는 복잡하고 다원적인 실재에 심층적으로 접근하며, 특정 상황에서 인간 행동의 이면에 관심을 갖고 그것에 대한 느낌, 동기, 신념 등을 충분히 깊이 있게 이해하는 데 목적이 있으므로 상담학 연구 주제를 다루기에 적합한 경우가 많다.

여러 가지 질적 연구방법론 중에서 연구자들이 이야기 형태의 탐구세계에 빠지게 되는 이유는 이야기 자체가 주는 자연스러움과 편안함을 경험하며, 딱딱하고 지루한 학문적 이론으로 인한 불편함 대신 즐거움과 다양한 방식의 변형을 통해 실험적인 시도를 쉽게 해 볼 수 있게 도와주기 때문이다. 이야기는 우리의 삶을 경험하고, 이해하고, 정리해 보고, 우리 자신과 다른 사람들 그리고 이 세계와 관계성을 맺게 하는 삶의 방식이다(양유성, 2008, p. 19). 인간은 이야기를 통해 자기 자신을 해석하고 세상과 관계하며, 나아가 자신이 이야기하는 것처럼 자신의 삶을 살려고 한다. 우리의 삶 자체가 바로 이야기와 같은 모양을 취하고 있다는 점에서 이야기의 중요성을 인정하게 된다(양유성, 2004, p. 7). 이런 측면에서 내러티브는 인간의 삶의 정황을 보다 총체적으로 이해하고자 하는 연구의 모델과 연구방법론에 적격하다.

내러티브 탐구는 내러티브의 성격상 어문 계열의 전공자에게 더 쉽고 편한 방식으로 보일 수 있으나, 실제로는 다양한 전공 분야에서 도입하여 사용하고 있다. 이론 개념에 문학 이론이 많이 들어 있는 것이 아니기 때문에 실제로 문학적인 연구 방법이라고 평가하기는 어렵다. 질적 연구 중에서 방법론적인 틀과 체계는 근거 이론에 가장 많은 구조화가 되어 있는 편이고, 내러티브 탐구는 문화기술지 방식과 유사하게 구조화를 많이 해 놓지만, 그런 방식을 엄격하게 이행하는 것을 요구하지는 않는 편이다. 그러나 이런 자유롭고 느슨한 형식이 오히려 논문을 작성하는 사람의 입장에서는 어렵고 불편하게 느껴질 수도 있다. 이런 점을 감안하여 이 책에서는 상담학 논문을 작성하는 것으로 범위를 좁혀 놓고, 내러티브 심리학이나 상담학에서 발전된 이론과 방법을 포함해 상담학의 특성과 전문성을 잘 살릴 수 있는 방향으로 연구방법론의 영역과 구체적인 방식을 확장해 보려고 한다.

이 책의 1차 독자 대상층은 대학원에서 상담학 전공으로 학위논문을 쓰는 학생들이고, 2차 대상으로는 이들의 논문을 지도해 주거나 함께 검토하는 상담학 전공 교수들이나 상담전문가들로 정하였다. 이를 염두에 두어 지금까지 전공 지도교수로서 오랜 논문 지도의 경험을 작성해 보고, 자료를 수집하여 내용을 정리하였다. 이 책에 정리된 내용을 통해 학위논문 작성을 준비하는 대학원 학생들의 불안과 고민을 덜어 주고 준비 과정에 걸리는 불필요하게 긴 시간을 단축시켜 주기 위한 마음으로 이 책을 집필하게 되었다.

끝으로, 좋은 책이 출간될 수 있도록 많은 수고를 해 주신 학지사 관계자분들께 감사를 드리고 싶다. 먼저, 학지사를 학술 교재의 편찬에 있어 대한민국 최고의 출판사로 키워 내신 김진환 사장님, 평택대학교를 자주 방문해 주시면서 교수들의 의견을 진지하게 경청해 주시는 한승희 부장님 그리고 이 책의 편집을 맡아 너무나 정성껏 세심하게 진행하여 모든 일을 매우 만족스럽게 처리해 주신 편집부 홍은미 선생님에게 깊은 감사 인사를 전한다.

2022년 1월

저자 일동

상담학 연구에서 내러티브 탐구가 나오기까지

상담학이 사회과학 영역에서 독립적 위치를 확보한 것은 그리 오래되지 않았다. 상담학을 독립된 학문으로 인정하기를 주저하는 부류도 여전히 존재한다. 상담자와 내담자의 상호작용을 연구 대상으로 하는 상담학이 그 효과성과 방법론적인 측면에서의 객관성을 충족시키는 데 어려움이 발생할 수 있기 때문이다. 상담학을 연구한다는 의미에 대해 김성회는 "정신건강 증진과 관련된 전문 지식을 갖춘 전문상담사가 과학적 방법을 사용하여 정신적으로 더 건강해지기를 원하는 내담자를 효과적으로 도울 수 있도록 하는 공식적인 탐구 활동"이라고 정의하였다(김성회, 2019, p. 15). 여기서 과학적 방법이란, 자연과 인간에 대한 다음의 몇 가지 가정을 포함한다. 즉, 현실세계에 대해 탐구가 가능하다는 객관성과, 한번 발생한 자연현상은 유사한 상황에서 다시 발생할 것이라는 규칙성의 가정이다. 또한 인간의 지각, 기억과 추리 등의 지적 활동을 통해 지식 습득이 가능하며, 연역적 또는 귀납적 방법을 통해 알지 못하는 것을 추리할 수 있다는 가정도 해당한다.

상담학 연구에도 이러한 과학적 특성이 충족되도록 요청되어 왔다. 상담학적 개념을 분명하게 정의해야 할 필요성과 객관적이고 타당한 근거를 제시할 수 있는 연구 자료의 확보를 강조하였다. 검증을 위한 증거 자료를 합리적이고 체계적인 방법으로 수집할 것과 연구의 조건 및 과정이 같으면 같은 결과가 나와야 한다는 경험적 검증 가능성의 확보에 중점을 두었다. 아울러 상담학 연구에서 관련 변인들을 최대한 통제한 연구를 계속해 감으로써 검증을 반복해야 할 필요성을 강조해 왔다(김성회, 2019, pp. 23-24).

상담학 연구가 과학적 방법을 통해 독립 학문으로서의 지위를 분명히 확보하는 것은 중요한 문제이다. 그러나 상담학 연구가 지닌 한계에 대해 이해할 필요도 있다. 우선은 상담학 연구에서 아무리 과학적 특성을 강조할지라도 과학 그 자체에 한계가 있다. 앞서 소개한 과학의 네 가지 특성인 객관성, 규칙성, 지식 습득 가능성, 추리성은 충족되기 어려운 가정에 속한다. 이보다 더 중요한 사실은 상담학 연구가 인간이 인간을 대상으로 연구하는 학문이라는 점에서 한계가 있을 수밖에 없다는 것이다. 연구자와 연구 대상자 모두는 감각기관을 통해 자신이나 외부세계를 인식해 가는 인지체계의 한계에서 벗어나기 어렵다. 또한 인간을 대상으로 하는 연구는 인간을 통제하기 어려운 문제가 있을 뿐 아니라 윤리적으로 문제가 될 수 있는 소지가 매우 많다. 연구방법론적 측면에서도 타당도와 신뢰도의 문제가 지속적으로 제기되며, 자료 수집과 처리와 관련해서는 오류 가능성이 늘 존재한다. 이러한 상담학 연구의 한계를 극복하기 위해 오차를 전제로 연구해 가되 반복적인 연구를 통해 그 오차를 줄여 가는 노력이 필요하다.

이런 학문적 특성으로 상담학 연구야말로 과학적 방법을 취하는 양적 연구와 아울러 질적 연구가 매우 필요한 분야이다. 실증주의(positivism)에 기초해서 객관적 진리를 추구해 가는 양적 연구만으로는 인간과 사회에서 일어나는 다양한 현상에 접근하기 어렵다. 특히 인간의 정신과 심리를 다루는 상담학에서의 진리는 외부에 객관적으로 존재하는 것이 아니기 때문이다. 진리는 개인의 정신에 의해 구성되는 주관적인 것으로서 연구자와 연구 대상자의 상호작용 가운데 창출된다. 따라서 구성주의(constructivism) 또는 해석주의(interpretivism)를 배경으로 하는 다양한 형태의 질적 연구가 상담학 연구에서 매우 중요한 자리를 차지한다고 볼 수 있다.

특히 질적 연구방법론 가운데 내러티브를 관심 있는 현상으로 탐색할 때, 네 개의 영역에서 전환이 이루어지는 것을 볼 수 있다. 연구자와 연구 참여자 간의 관계가 역동적이며 상호 발전적인 관계로 변화되고, 자료로서 수(number)를 활용하는 것에서 말(words)을 활용하는 것으로 변화한다. 일반적이고 보편적인 초점에서 지역적이고 구체적인 초점으로 바뀌고, 대안적인 인식론이나 방식을 수용하는 것으로 확대된다(Clandinin, 2011, p. 22). 이러한 점에서 내러티브 탐구는 객관적인 방법이 줄 수 없었던 방법으로 변화하여 사람에 대한 이해를 가능하게 하는 유용한 방법론으로 등장하였다. 객관화되고 측정될 수 있는 정확함보다는 전체 인간과 인간의 삶, 즉 매우 복잡하고 모호한 인간의 삶을 구체적으로 드러내는 방법론이기 때문이다(Clandinin, 2011, p. 184).

차 례

제5장 내러티브 탐구의 실제: 사례 I ••• 137

제6장 내러티브 탐구의 실제: 사례 Ⅱ • • • 191

제7장 내러티브 탐구의 실제: 사례 Ⅲ • • • 227

제1장 내러티브 탐구의 학문적 배경

최근 광범위한 학문 분야에서 내러티브에 대한 관심이 현저히 증가해 왔다. 이렇게 내러티브가 개인의 경험을 이해하는 데 적합하고 연구자의 만족도나 기대 효과가 큰 연구 방법으로 인식되면서 내러티브 탐구는 매력적인 연구 방법의 하나로 주목받게 되었다.

내러티브가 사회과학 분야의 연구방법론으로서 자리매김하는 데에는 클랜디닌과 코넬리(D. Jean Clandinin & F. Michael Connelly)가 크게 기여하였다고 볼 수 있다. 1990년에 현상과 방법으로서의 내러티브 탐구를 제시하였고, '내러티브 탐구(narrative inquiry)'라는 용어는 클랜디닌과 코넬리가 1990년 미국의 교육 연구 분야의 대표적인 학술지인 『교육 연구자(Educational researcher)』를 통해 처음으로 사용하면서 질적 연구 방법의 하나로 개념화되었다(김병극, 2012, p. 2). 2000년에는 『내러티브 탐구: 교육에서의 질적 연구의 경험과 사례(Narrative Inquiry: Experience and Story in Qualitative Research)』를 출간함으로써 내러티브 탐구의 중요한 용어들을 개발하며 방법론적 관점을 강화하였다. 특히 클랜디닌은 내러티브 탐구에 대한 관심이 폭발적으로 확대되자 2013년에 『내러티브 탐구의 이해와 실천(Engaging in Narrative Inquiry)』을 출간함으로써 내러티브 탐구의 방향과 새로운 가능성을 적극 추구하였다(Clandinin, 2015, p. 4). 이 책에서는 방법론으로서의 내러티브 탐구에 관해 클랜디닌과 코넬리의 견해를 중심으로 살펴보고자 한다.

이렇게 질적 연구방법론으로서의 내러티브 탐구는 1990년대부터 교육학 분야에서 본격적으로 시작되었으나, 이야기 형태에 내포된 문학적 속성으로 인해 내러티브 자체에 관한 학문적 연구는 문학이론에서 오래전부터 먼저 시작되었다. 지난 20세기에 내러티브 연구에 주력했던 여러 문학과 어학 이론 학파가 있었다(Webster & Mertova, 2017, p. 58). 내러티브 연구자들 중에 일반적인 질적 연구 방식을 따르는 부류는 특정 내러티브가 경험에 미치는 영향을 연구하는 경향이 있다. 문학적 이론에 친숙한 경우는 주제와 플롯, 등장인물들의 성격과 역할 분석, 갈등의 전개 방식과 구조 분석 등과 같은 내러티브 개념과 문학적 방식을 사용하기도 한다.

내러티브에 대한 방법론적인 자원은 이와 같이 문학과 언어학에서 먼저 제공되었고, 이런 자원으로부터 다수의 접근 방식이 형성되었다. 이런 양상으로 인해 현재는 내러티브의 독점적인 탐구 방법은 사라지고 있고, 오히려 다양한 개별 학문 분야로 분산되어 발전하고 있다. 앞으로 연구 방법으로서의 내러티브 탐구가 확산됨을 고려할 때 연구자들이 겪게 될 어려움은 이런 방법론이 분산되어 있고 단편적으로 적용된다는 것이다. 이 현상은 현재 모든 학문 분야에 걸쳐 연구자들이 내러티브 탐구 접근을 사용하는 데 도움이 되는 통일된 방법론적 접근이 없다는 것이다(Webster & Mertova, 2017, p. 27).

이렇게 내러티브 탐구는 각기 다른 전공 분야의 어떤 학문 배경에서 그 학문의 정체성과 특성을 지닌 채 발전하겠지만, 그 중심부에는 늘 이야기 형식의 구성 요소를 간직하고 있고, 학문적 이론 형성의 핵심 단서가 되기 때문에 무엇보다도 문학적인 면의 영향을 더욱 받을 수 있다. 이 책은 이러한 상황을 고려하며 상담학을 전공하는 입장에서 내러티브를 이해하고 학문적인 연구 방법을 전개해 나가는 방식으로 범위를 제한해 놓고, 상담학 논문 작성이라는 목적에 맞춰 내러티브 연구 방법을 학문적인 체계와 틀 속에 통합해 보고자 한다.

내러티브 탐구의 철학적 또는 사상적 배경을 살펴보면, 먼저 다른 연구방법론과 같이 인식론적 입장에서 진실성을 추구하며 진실 혹은 실재를 드러내는 결과를 수행한다. 모더니즘은 진실과 지식의 과학적 이해와 결합하여 하나의 궁극적이고 객관적인 진실이 있다고 주장한다. 때로는 실증주의에서 추구하는 추상적 이론을 객관성이라는 이름으로 포장하여 과학적 지식으로 부르기도 한다(김영천, 한광웅, 2012, p. 12).

모더니즘은 근대를 열었던 인간의 자신감을 반영했던 사조이다. 중세의 종교적 억압으로부터 해방되어 자유로운 개인으로서의 가치를 만끽하게 된 인간은 사회와 자연세계 모두에 대해 강한 자신감을 갖고 있었다. 이성의 힘에 대한 무한한 신뢰는 자연과학을 비롯한 학문 분야를 크게 발전시켰고, 자연에 대한 도전과 개척을 끊임없이 이어지게 하였다. 그 결과 인간은 지구 역사상 가장 강력한 생물학적 종이 되었다. 하지만 두 차례 세계대전과 생태학적 위기 등을 겪으면서 과연 인간의 이성이 모든 문제를 다 해결하고 관리할 수 있을 만큼 충분한 것인가에 대한 의문이 제기되었다. 이런 의문에 답하기 위해 새로운 인식론과 세계관을 찾게 되었고, 다양한 해법이 제시되었다.

포스트모더니즘은 이런 이성의 한계에 대한 자각에서 비롯된 새로운 사조이다. 획일성과 인과론적 세계관을 거부하고 다양성과 유연성을 강조하는 포스트모더니즘은 인문학과 사회과학 분야에서 새로운 방법론을 제공하였고, 예술과 대중문화에서는 이성보다 감성을 중시하는 새로운 표현 영역을 활짝 열었다(노병철, 변종현, 임상수, 2000, p. 377).

이처럼 모더니즘에 대한 반발로 뒤이어 등장한 포스트모더니즘은 인간중심의 총체적 관심과 관련하여 주관적인 다양한 진실이 있다고 주장한다(Webster & Mertova, 2017, p. 34). 포스트모더니즘은 절대적 · 객관적 사실을 강조한 모더니즘에 대한 반발로 생겨났는데, 모더니즘이 본질주의, 보편주의, 이분법적 사고를 강조한다면, 포스트모더니즘은 비본질주의, 상대성, 다양성을 강조한다.

포스트모더니즘의 관점에서 보면 객관적 진리는 없고 진리와 지식은 만들어진 현실이다. 따라서 포스트모더니즘은 진리와 지식을 정의하는 접근에 있어 모더니즘과 근본적으로 다르다. 포스트모더니즘은 진리와 지식이 합리적인 사고와 방법론을 통해 형성된다는 사고를 거부한다. 모더니즘은 외면적인 것에 가치를 두는 반면, 포스트모더니즘은 내면적인 것에 가치를 두고 인간중심 접근을 더욱 강조한다(Webster & Mertova, 2017, p. 64).

포스트모더니즘은 현실이 개인의 관점에 따라 다르게 구성된다는 사회구성주의와도 일맥상통한다. 대부분의 포스트모던 사상가들은 지식이란 발견되는 객관적 진리가 아니라 사회적 담론에 의해 구성되는 것으로 본다. 따라서 지식의 진위보다는 용도와 효용성을 훨씬 중요하게 생각한다. 이런 분위기에서 체계화된 지식보다 단편화된 정보가 중시되고, 영원불변하고 보편타당한 거대한 지식체계를 습득하는 것보다 당장 특정한 효과를 기대하고 얻을 수 있는 실용적인 정보의 취득과 활용이 중요한 지식의 목표가 된 것이다. 이는 객관주의 세계관에서 구성주의 세계관으로 옮겨 가면서 더욱 분명하게 나타난다. 구성주의는 언어와 지식 체계를 철저히 사회적 관습의 산물로 보는 관점이므로, 자연히 실재론적 세계관은 힘을 잃게 된다. 실재세계란, 늘 변화하는 사회적 담론의 결과로 간주된다. 포스트모던 상황이란, 이런 생각이 보편화된 세계이다. 누구나 동의하는 보편타당한 지식체계 또는 진리의 틀이 소멸된 것이 문화적 특징이다.

포스트모더니즘은 근대의 문제가, 이성주의에 입각해 문화와 사회를 획일화하는 세계관이 삶을 억압하고 비인간화되는 데서 비롯됐다고 주장한다. 따라서 이에 대한 해체 작업과 그 결과로 말미암는 다원성에 대한 강조를 가장 중요한 특징으로 한다.

우리는 포스트모던 문화나 사회구성주의 영향하의 시대적 분위기 속에서 살고 있다. 획일성과 인과론적 세계관을 거부하고 다양성과 유연성을 강조하는 포스트모더니즘은 인문학과 사회과학 분야에 새로운 방법론을 제공하였고, 이런 사상 속에서는 지식을 발견되는 객관적 진리가 아니라 사회적 담론에 의해 구성되는 것으로 본다.

사회구성주의의 주요 가정을 정리해 보면, 우리의 사회적 실재를 구성하는 신념이나 가치는 사회적 상호작용에 의해 구성된다는 것이다. 우리의 현실은 객관적 진실이 아니라 다른 사람과의 대화를 포함한 사회적 상호작용을 통해 생성된 사회적 산물이라고 본다.

사회구성주의는, 실재는 객관적이지 않기 때문에 우리가 할 수 있는 것은 경험을 해석하는 것뿐이라고 본다.

1. 내러티브 탐구의 개념과 특성

1) 플롯에 의한 이야기 구성

여기서 이야기를 의미하는 대중적 영어 단어인 '스토리(story)' 대신 '내러티브(narrative)'를 선정한 배경은 인간의 경험을 연구하기 위한 삶의 이야기는 중요한 사건들을 연대기적으로 단순하게 배열한 것을 의미하기보다, 삶의 경험에 특정 의미를 부여하는 플롯에 의한 구성을 의미하기 때문이다. 플롯은 이야기를 인과관계에 따라 배열한다는 점에서 단순히 순차적으로 이야기를 나열하는 스토리와 구별된다. 문학 이론에서 자주 인용되는 것처럼 "왕이 죽고 얼마 후 왕비가 죽었다."는 스토리이지만, "왕이 죽고 얼마 후 슬픔을 못 이겨 왕비도 죽고 말았다."는 사건의 원인적 배경을 설명해 주는 방식이므로 플롯은 삶의 의미를 구체화해 준다.

삶의 이야기의 플롯 구성은 삶의 경험을 서로 연결하면서 의미의 구조적 체계를 형성하는 행위이다. 삶의 이야기는 중요하다고 간주되는 사건을 단순히 나열한 것이 아니라, 삶의 경험에 의미를 부여하는 플롯이라는 뼈대를 갖고 있다(Clandinin & Connelly, 2007, p. 23). 다시 정리하면, 내러티브 탐구는 다양하고 풍부한 인간의 경험을 이야기로 구성하고 탐구하는 것인데, 단순히 줄거리 형식인 이야기에 머무는 것이 아니라 학문적으로 이해하고 재구성할 수 있는 내러티브 구조와 형식으로 표현하면서 인간 경험의 특정 주제에 대한 전문적이거나 심층적인 의미를 찾고 해석하며 탐구해 나가는 것이다.

플롯의 기능은 어떤 사건을 더 강조하거나 덜 강조하고, 어떤 것은 해석하고 다른 것은 추측하게 내버려 두고, 이야기해 주고 보여 주기도 하지만, 때로는 침묵해 버리면서 사건과 인물의 여러 양상을 초점화하는 것이다(김종구, 1998, p. 166). 이에 따라 플롯은 연속적인 시간의 흐름 속에서 파편화된 인간의 경험을 재구성하는 역동적인 방식을 취한다. 여기서 김태호는 서사적 사고는 맥락의존적 사고방식이라고 설명한다(김태호, 2013, p. 183). 일반적인 입장은 어떤 사건을 구성하는 등장인물의 가정적인 배경이나 교육적 또는 직업적 배경, 시대문화적 배경을 연결해 보려 하겠지만, 상담학의 입장에서는 인지 · 정서 · 행동의 심리적 측면이나, 성격 혹은 정신건강의 임상적 측면을 연결하는 것이 유력하고 적합한 학문적 시도일 것이다.

2) 다시 이야기하기에 의한 대안적 이야기 구성

내러티브 탐구는 특정한 맥락 안에서 사람들이 경험한 현상을 기술하고 설명함으로써 보다 확장된 이해와 의미를 얻는 데 목적이 있다. 사람들은 누구나 이야기로 엮을 수 있는 삶을 살아가고 이야기한다. 내러티브 연구자들은 그러한 삶을 기술하고, 기술된 것들을 수집해서 이야기하며, 경험에 대한 내러티브를 써 내려간다. 이렇게 삶에 대해 이야기를 하고 그것을 '다시 이야기'할 때 이야기 조각들이 서로 연결되면서 삶을 조망하는 내러티브가 되는 것이다.

이야기를 다시 말하는 것은 그 이야기를 더욱 풍성하게 하고 점차 살아 있고 참된 것이 되게 한다. 진술과 재진술, 재진술에 대한 재진술을 통해 자신의 삶의 경험 또는 어떤 문제에 대한 결론을 만족스럽고 자신감 있게 내릴 수 있도록 돕는 것이다.

같은 사건이라도 매우 다른 다양한 방식으로 이야기될 수 있으며, 이런 방식들은 우리가 삶을 어떻게 경험하느냐를 다르게 만든다. 만일 성공적으로 사고의 전환이 이루어진다면, 더 풍요로운 삶의 이야기로 가득 채워진 전혀 다른 세계가 우리 앞에 펼쳐질 수 있을 것이다.

내러티브란 단어를 쓰는 학문적 배경은 인간이 겪는 어떤 문제에 대해 논리적 인과관계에 의한 플롯의 구성을 중요하게 보기 때문이다. 또한 이야기 심리학이나 이야기치료에서는 그러한 문제에 대한 새로운 대안적 이야기를 구성해 나가거나 해결 방식을 찾는 과정을 놓고 '다시 이야기하기(retelling)'라는 용어를 사용하기 때문이다. 이것은 원래의 이야기를 변형하거나 재가공하는 과정을 거치는 것이다. 사람들은 이야기를 말할 뿐 아니라 자신의 삶 속에서 다양한 방식으로 표현하고, 그 이야기를 새롭게 변형하며 자신의 삶을 살아가기 때문이다. 결국 한 사람이 삶에서 생산해 내는 삶의 이야기는 고정불변의 이야기가 아니라, 끊임없이 생성되어 간다는 점에서 변화와 성장의 가능성이 열리게 된다.

김병극은 그의 논문에서 '다시 이야기하기'는 '3차원적 내러티브 탐구 공간(시간성, 공간성, 관계성) 속에서 경험을 탐구하기'와 동일한 의미로 보고 있다(김병극, 2012, p. 8). 클랜디닌은 내러티브 탐구를 본질적으로 인간과 환경과의 관계 속에서 인간 경험의 재구성과 관련된다고 주장한다(Chadinin, 2011, p. 27).

내러티브 탐구에서 내러티브는 단순히 이야기를 뜻하는 것이 아니라 이야기를 하는 사람이나 듣는 사람의 삶에 영향을 미치는 이야기(a life story)를 의미한다. 또한 여기서 내러티브는 단순히 이야기 형식을 가리키는 것이 아니라 이야기를 통하여 이야기를 하는 사람과 듣는 사람의 삶을 바꾸는 과정까지를 포함한다고 김대현은 주장한다(김대현, 2006, p. 114). 그래서 클랜디닌과 코넬리는 내러티브를 연구의 대상이며 방법이라고 하였다. 즉, 내러티브 탐구에서 연구 대상으로서의 내러티브는 이야기를 하는 사람이나 듣는 사람의 삶에 영향을 미치는 이야기를 말한다. 연구 방법으로서의 내러티브는, ① 삶의 이야기를 살아가기, ② 삶의 이야기를 말하기, ③ 삶의 이야기를 다시 말하기, ④ 삶의 이야기를 다시 살아가기의 순서로 진행되는 순환적 진보 과정을 의미한다(Clandinin & Connelly, 2007, p. 145). 김대현은 이러한 순환적 과정을 다음과 같이 확장해 설명한다(김대현, 2006, p. 115). ① 삶의 이야기(a life story), ② 삶을 이야기로 구성하기(living a life story), ③ 이야기를 말하기(telling a life story), ④ 이야기하는 과정에서의 깨달음(reflection by self and collaboration), ⑤ 고쳐 말하기(retelling a life story), ⑥ 깨달은 삶을 다시 살아가기(reliving a life story), ⑦ 다시 처음 순서로 순환하는 것으로 삶의 이야기가 된다.

내러티브 탐구자는 사람들의 개인적이고 사회적인 삶을 구성하는 경험 이야기를 살아 내고 이야기하고, 다시 살아 내고 다시 이야기하는 가운데 탐구를 마무리 짓는다. 이렇게 내러티브 탐구는 이야기로 살아 내는 삶의 이야기이다(Clandinin & Connelly, 2007, p. 164).

내러티브 개념도를 그림으로 다시 표시하면 [그림 1]과 같다(김대현, 2006, p. 115).

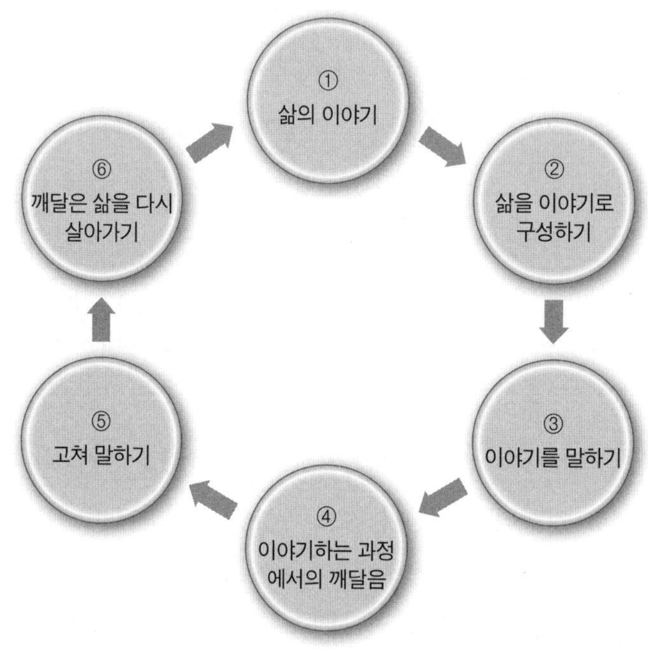

[그림 1] 내러티브 개념도

출처: 김대현(2006).

3) 자서전적 삶의 진술에 의한 삶의 이야기 구성

우리는 자신의 삶의 이야기 속에서 삶의 과정을 정리해 보기도 하고, 온갖 감정을 경험하기도 하며, 삶의 의미와 방향을 찾아가기도 한다. 이야기 속에 살아가는 우리의 삶 속에서 어떤 의미를 찾기 위해 자신이 겪은 경험 속의 사건을 시간의 흐름 순서대로 꿰맞춰 기억해 보는 경향이 있다.

인간은 자신의 삶이 임시적이라는 사실을 인식하는 순간부터 이야기 구조로 삶을 이해하기 시작했다. 즉, 시작–중간–끝으로 이어지는 이야기 구조로 인간의 임시적이고 유한한 삶을 이해하기 시작한 것이다. 이처럼 이야기는 시간의 개념과 우리의 존재는 임시적이라는 개념에 의해 항상 지배된다는 점을 보여 준다.

자서전은 과거와 미래를 포함하는 인간의 시간적 경험 속에서의 삶에 대한 이야기이며, 그 속에서 현재 상황에 비추어 과거의 경험을 재해석하며 미래를 새롭게 조망하는 작업을 한다. 그런 면에서 자서전은 개인의 과거 경험에 대한 회고를 바탕으로 다가올 미래를 계획하기 위한 길잡이가 되기도 한다.

내러티브는 자서전적 성격이 매우 강하다. 내러티브는 시간 속에서 경험하는 다양한 사건을 의미 있게 배열한 것이다. 우리의 연구 관심 또한 자신의 삶의 경험에서 나오고 내러티브 탐구의 줄거리를 형성한다.

생애사도 내러티브의 일종이란 점에서 생애사 연구는 넓은 의미의 내러티브 연구에 속한다. 생애사 연구는 개인이 살아온 삶의 이야기가 함축하고 있는 경험의 본질을 시간의 축에 따라 탐구하고 이야기체로 기술하며 시간이라는 맥락에서 개인에 대한 설명과 해석을 하려 한다(김영천, 한광웅, 2012, p. 14).

내러티브 탐구를 본격적으로 시작해 보기 전에 연구자와 참여자들은 자서전 쓰기를 해 보는 것도 좋다. 자서전 쓰기 프로그램은 댄 맥아담스(Dan P. McAdams)가 고안한 7단계 과정이 학문적 구조와 방식으로 잘 정리되어 있다. 간략하게 정리한 자서전 쓰기의 구성 방식 7단계와 전개 과정은 다음과 같다(McAdams, 2015, pp. 317-332).

1단계: 자서전 쓰기는 자신의 삶에 관해 제목을 붙여 보는 것으로 시작한다.

2단계: 여기서는 삶의 주요 경험에 관해 묻는다.

- 절정 경험: 내 인생에서 최고의 순간은 언제였으며, 가장 놀랍고 감동적인 순간은 언제였는가?
- 침체 경험: 내 인생에서 가장 밑바닥으로 떨어졌을 때는 언제였으며, 최악의 순간은 언제였는가?
- 전환점: 나 자신을 이해하는 데 중대한 변화를 가져온 사건은 무엇인가?
- 초기 기억: 가장 오래된 기억, 그 사건의 주요 장면과 분위기, 등장인물, 그 사건과 관련된 사고와 감정은 무엇인가?
- 중요한 아동기 기억: 긍정적이든지 부정적이든지 아동기와 관련된 기억이 지금의 나와 어떻게 연결되는가? 어떤 영향을 미쳤는가?
- 중요한 청소년기 기억: 청소년기의 경험과 기억이 현재의 나와 어떤 연관을 갖고 있는가?
- 중요한 성인기 기억: 20대 이후 나의 삶에 관한 중요한 기억은 무엇인가?
- 그 밖의 중요한 기억: 그 밖의 과거에 일어난 중요한 사건의 기억은 무엇인가?

3단계: 여기서는 중요한 사건에서 중요한 주변 인물들로 옮겨 간다. 나의 삶의 이야기에서 가장 중요했던 네 명에 대해 이야기해 보도록 한다.

4단계: 과거와 현재에 대해 충분한 시간을 쓴 후 삶의 주제는 미래에 대한 이야기로 나아간다. 미래에 대한 전반적인 계획과 내가 갖고 있는 희망 및 비전에 대해 이야기해 본다.

5단계: 이번 단계에서는 주로 고난과 위기의 문제를 다룬다. 한 사람의 고난과 위기 그리고 그에 대한 대응 방식은 그의 인생에서 중요한 주제를 형성해 준다.

6단계: 이번 단계에서는 개인적인 사상과 신념을 살펴보는 것이 중요하다.

7단계: 마지막으로 자신의 삶의 전반적인 주제에 대해 살펴본다.

여러 장을 지닌 책과 같이 자신의 전체적인 삶의 이야기를 돌이켜 보면서 중심 주제나 메시지, 삶의 의미와 삶의 방식, 믿음과 가치 등을 살펴본다. 이를 통해 무엇이 자신의 삶에서 중요한 주제인지 설명해 본다.

2. 클랜디닌과 코넬리의 내러티브 탐구 이론

클랜디닌과 코넬리는 '내러티브'를 인간이 만들어 내고 드러내는 모든 형태의 의미 있는 이야기들 가운데 특별히 주목할 만한 가치가 있으며 패턴이나 구조로 구성하거나 해석이 가능한 것들을 지칭하는 말이라고 했다(이승은, 2011, p. 182; Connelly & Clandinin, 1990, p. 2). 이러한 개념에 근거하여 '내러티브'를 탐구 대상과 탐구 방법으로 보기 시작한 것이다. 즉, 내러티브 탐구는 '참여자의 내러티브를 연구자가 내러티브하는 것'으로 규정할 수 있다. 여기서 앞의 내러티브는 명사적 의미를 갖고 연구 대상을 지칭하지만, 뒤의 내러티브는 동사적 의미를 갖고 연구 방법을 지칭한다(이승은, 2011, p. 185).

클랜디닌과 코넬리는 '내러티브에 대한 탐구(inquiry into narrative)'와 '내러티브 탐구(narrative inquiry)'를 같은 의미로 사용하면서 연구 대상인 동시에 연구 방법인 내러티브에 주목하였다. 따라서 이들에게 있어서 내러티브란, 연구 대상으로 삼는 삶의 경험일 뿐만 아니라 연구를 위한 탐구 방법을 의미한다. 즉, 내러티브 탐구란 인간의 경험에 대한 이야기이며 그러한 경험을 해석하고 재해석하는 방법을 포함한다(염지숙, 2003, p. 123). 이때 내러티브 탐구자는 '이야기에 대해(about) 생각하기'가 아니라 '이야기로(with) 생각하기'의 역할을 한다. 클랜디닌은 이야기로 생각한다는 것이 내러티브에 관해 연구한다는 의미가 아니라 내러티브가 우리에게 작용하도록 하는 과정이라고 설명한다(Clandinin, 2015, p. 45). 따라서 내러티브 탐구는 연구자와 참여자가 상호 탐구의 전경이 되어 삶의 일부가 되어 가는 관계적인 방법론이라고 할 수 있다.

클랜디닌과 코넬리는 '내러티브 탐구' 방법을 체계화하고 교육학 연구 분야에 적용하였다. 이들은, 특히 교사들의 '개인의 실천적 지식'을 '전문적 지식의 전경'이라는 맥락 내에서 파악해 보고자 노력했다. 이를 위해 교사의 경험을 연구하고 '이야기하기(telling)'와 '다시 이야기하기(retelling)'를 통해 교사들의 경험을 드러내고자 했다. 이러한 '내러티브 탐구'라는 새로운 형태의 연구 방법은 여러 학자에 의해 다른 학문 분야의 연구 방법으로 확장되고 있다(염지숙, 2003, p. 121).

클랜디닌과 코넬리는 자신들의 내러티브 탐구에 가장 많은 영향을 준 학자로 존 듀이(John Dewey, 1859~1952)를 꼽는다. 듀이는 미국 실용주의의 대표적인 철학자로 개인과 사회의 일상 경험에 담겨 있는 풍부한 의미와 새로운 변화의 가능성에 주목한 경험의 철학자였다. 듀이에게 경험은 인간과 환경이 상호작용하여 생긴 결과물을 의미한다. 또한 경험의 성장은 현재의 경험을 이전의 경험에 기초하여 계속 재구성함으로써 경험의 의미가 확장되는 현상을 가리킨다(남궁달화, 2007, p. 230).

듀이에 의하면, 경험은 시간적인 연속성과 공간적인 상호작용이 함께 구성해 가는 상호작용의 연속체로 개인적인 동시에 관계적이며, 연속성과 사회적 특성을 갖는다. 모든 경험은 그 이전의 경험으로부터 어떤 것을 받아 가지는 동시에, 후속 경험에 영향을 미침으로써 그 원인으로 작용된다(남궁달화, 2007, p. 233). 이러한 듀이의 영향으로 클랜디닌과 코넬리에게 경험은 연구의 출발점이자 도착점이 되었다.

클랜디닌과 코넬리는 "내러티브는 경험을 표현하고 이해하는 최선의 방법이다. 우리가 연구하는 것은 경험이며, 우리는 그것을 내러티브적으로 연구한다. 내러티브 사고는 경험의 핵심 형식이고 그에 대해 기술하고 사고하는 방식이기 때문이다."라고 말했다(Clandinin, 2011, p. 60). 경험을 내러티브하게 구성된 현상으로 이해하는 것이 내러티브 탐구의 토대가 된다. 내러티브 탐구는 경험을 오랜 시간에 걸쳐 구성되면서 살아 있는 것으로, 내러티브 현상으로 연구되고 이해되는 것으로, 또 내러티브 표현 형식을 통해 제시되는 것으로 본 것이다(Clandinin, 2015, p. 24). 이렇게 내러티브 탐구는 경험을 이해하는 방법이자 경험을 연구하는 방법인 것이다. 내러티브 탐구자는 일련의 장소에서 환경과의 상호작용 아래 참여자와의 지속적인 협력이 필요하다.

클랜디닌과 코넬리의 저작물과 그들의 이론에 대한 다른 학자들의 해설을 살펴보면, 존재론적, 인식론적, 방법론적 접근에 대한 내용이 반복해서 나온다. 연구 진행에 있어서 이런 삼각 구도에 대한 필자의 해석과 상담학적 적용에 대한 입장을 밝히면, 내러티브 탐구로 연구를 시작하면서 '연구자는 누구이고 참여자들은 어떤 사람들인가?' 존재론적 또는 정체성에 관한 질문을 먼저 하게 되고, 그다음 단계에서는 그들의 삶의 경험에 관한 연구를 실제로 어떤 방법으로 진행할 것인지 검토하고 결정한다. 마지막 단계에서는 연구자가 다룬 연구 과제와 학문적 주제에 관해 학문적으로 또는 인식론적으로 어떤 의미 있는 결과를 얻게 되었는지 질문하게 된다는 것이다. 연구자와 참여자 인간 중심의 세계관에서 먼저 시작되고, 그다음 학문적인 연구 방식에 대해 진지하게 고민하게 되면서 연구자의 자세와 태도를 형성하고 연구의 기술을 터득한다. 마지막은 인간의 경험 속 어떤 상황과 문제에 대해 학문적으로 계속 질문하고 답변하는 데 몰두하면서 학문적인 큰 작업을 끝내게 된다. 물론 대체로 이런 과정을 논리적인 순서와 단계로 전개하겠지만, 때로는 어느 지점에 오래 머무르기도 하고, 중간 과정을 건너뛰기도 하고, 뒤로 되돌아가 보는 등 어떤 순서 없이 이동하기도 한다.

1) 3차원적 내러티브 탐구 공간

내러티브 탐구의 가장 두드러진 특성은 경험을 '3차원적 내러티브 탐구 공간' 속에서 탐색한다는 것이다. 클랜디닌과 코넬리는 내러티브 탐구의 개념적 틀을 제시하기 위해 존 듀이의 경험 이론에 기초하여 '3차원적 내러티브 탐구 공간(three dimensional narrative inquiry spaces)'이라는 은유적인 용어를 고안하여 발전시켰다. 듀이의 경험 이론은 클랜디닌과 코넬리가 개발한 내러티브 탐구의 철학적 토대로 가장 많이 인용된다. 듀이의 경험 이론을 바탕으로 한 경험의 의미는 개인이 환경과 끊임없는 상호작용 속에서 살아온 경험 이야기로 이해될 수 있다(김병극, 2012, p. 5). 여기서 듀이의 경험에 대한 두 가지 준거—상황 안에서 일어나는 상호작용과 지속성—는 시간, 장소, 사회성이라는 세 가지 측면의 내러티브 탐구 공간을 통해 경험의 이해와 분석을 위한 토대를 제공한다(Clandinin, 2015, p. 21). 이때 내러티브 탐구의 공간을 구체화해 주는 세 가지 차원은 시간성(temporality), 개인적이고 사회적인 상황(sociality), 장소(place)인데, 내러티브 연구자는 연구의 시작부터 끝까지 이러한 요소들을 염두에 두고 탐구를 수행할 필요가 있다.

삶의 경험은 시간, 공간 그리고 상호작용의 세 가지 차원에서 삶의 이야기로 구조화된다. 삶의 이야기는 과거, 현재, 미래의 시간 축을 중심으로 하여 상황을 어떤 장소에서 발생하는 개인과 사회의 관계로 조명한다. 질적 연구에서는 상황을 그것의 독특성 안에서 특정 맥락의 일부로 이해하고자 하며, 여러 맥락의 상호작용을 이해하려고 노력한다. 여기서 질적 연구자는 상황에 대한 이론적 검증이나 예측에 연구의 주된 관심을 두는 양적 연구와 달리, 상황의 본질과 의미를 심층적으로 이해하는 데 연구의 주된 관심을 둔다.

삶의 경험이 이야기로 재현될 때 3차원적 내러티브 탐구 공간으로서의 시간, 공간 그리고 상호작용은 인간 경험의 이해와 표현 방식뿐 아니라 해석의 범주로도 활용될 수 있다.

첫 번째 공유 장소인 시간성은 인간의 시간지향성, 즉 시작-중간-끝으로 연결되는 삶의 유한한 경계 안에 존재하고 있다는 시간 의식을 의미하는데, 내러티브 탐구 이론에서는 특히 듀이의 경험의 연속성 개념에 주목한다. 즉, 경험은 과거, 현재, 미래로 이어지는 시간의 연속선상에서 영향을 주고받으며 형성된다는 것을 의미한다. 경험은 과거의 다른 경험으로부터 성장하며, 미래의 후속 경험을 이끈다. 모든 경험은 현재 순간으로부터 어떤 것을 취하여 그것을 미래 경험으로 실어 나른다. 연구하에 있는 사건, 사람 그리고 사물들은 시간적 이동 중에 있으며, 내러티브 연구자들은 그것들을 과거, 현재, 미래와 함께 기술한다(Clandinin, 2011, p. 106). 인간의 경험은 시간적 지속성을 지니고 있어서 경험을 끊임없이 의미로 규명하며 새로운 경험 때문에 확대됨을 의미한다. 그리고 모든 현재의 경험은 지나가 버린 과거의 경험으로부터 무언가를 취하고, 다가올 미래의 경험에 어떠한 식으로든 영향을 미치며 삶의 방향을 바꾸기도 한다(홍영숙, 2015, p. 12).

일상생활에서 시간은 앞을 향하여 단일한 방향으로 움직이지만, 내러티브 탐구에서의 시간은 중층적이다. 클랜디닌과 코넬리는 모든 사건이나 사람은 항상 과거, 현재, 미래를 가지고 있으므로, 내러티브 탐구에서 사람이나 장소, 사건을 늘 변화 속에 있는 과정으로 이해하려고 노력해야 한다고 강조하였다(Clandinin & Connelly, 2007, p. 23).

먼저, 내러티브 연구에는 시간의 차원과 특성이 내포되어 있으며, 시간과 관련된 문제를 다룬다. 이는 탐구에 적절하게 균형 잡힌 개인적이면서도 사회적인 것에 초점을 맞추고 있으며 특정한 공간 속에서 발생한다(Clandinin, 2015, p. 83). 우리는 내러티브 연구자로서 3차원적 내러티브 탐구 공간에서 연구할 때 과거, 현재, 미래 속의 자신을 만난다. 이것이 의미하는 바는, 우리는 최근 이야기뿐 아니라 우리 자신에 대해 기억나는 과거의 이야기도 말하게 되고, 더 나아가 이런 시간성의 이야기는 우리 미래에 가능한 삶의 경험의 내용을 제공하기도 한다는 것이다(Clandinin & Connelly, 2007, p. 127).

두 번째 공유 장소인 사회성은 경험이 개인과 사회의 상호작용으로 일어난다는 원리를 의미한다. 경험은 개인적 또는 내적 조건과 사회적 또는 외적 조건의 상호작용에 의해 형성되므로 내러티브 탐구에서는 경험의 사회성을 고려해야 한다. 동시에 연구자는 이런 양면성을 지닌 조건에도 관심을 가져야 한다. 이것은 듀이의 상호작용 개념과 관련되어 있다. 즉, 사람들은 어떤 경험을 하든지 그들의 상황과 상호작용한다는 것이다. 클랜디닌과 코넬리는 개인적 상황을 감정, 욕구, 미적 반응 그리고 개인의 도덕적 성향을 의미하는 것으로 본다. 사회적 상황은 개개인의 맥락을 형성하는 외부 환경, 주변 요소들의 영향력을 의미한다(Clandinin, 2011, p. 106). 즉, 개인적 조건은 인간의 심리적이거나 정서적인 반응과 도덕적 판단 등을 의미하고, 사회적 조건은 개인의 주변 환경의 영향이나 인간관계의 갈등과 해결 과정 등을 의미한다. 그러므로 내러티브 탐구자는 경험이 형성될 때 참여자의 내적 조건과 그를 둘러싸고 있는 외적 환경이 어떻게 작용했는지 깊이 살펴보아야 한다.

세 번째 공유 장소는 개인의 내적 조건과 외적 조건과의 상호작용 속에서 형성되는 상황으로 인해 사건이 발생하는 구체적인 영역 또는 탐구하고자 하는 인간 경험의 현장을 의미한다(김병극, 2012,

p. 6). 공간성이라는 개념은 어떤 사건이 발생하는 상황의 의미를 포함하고 있어서 이해하기 어려울 수 있지만, 어떤 상황이 벌어졌거나 벌어지고 있거나 앞으로 벌어질 특정 장소라고 이해하면 된다.

여기서 연구자는 사건이 일어나는 공간이나 위치에 대한 구체적인 경계와 모든 사건이 어떤 장소에서 일어난다는 사실에 주목해야 한다(Clandinin, 2011, p. 106). 즉, 모든 사건은 어떤 장소에서 벌어지므로 내러티브 탐구는 경험이 형성되는 각 장소의 영향을 탐색하면서 진행되어야 한다.

여기서 공간은 단편적으로 존재하지 않고, '외적 공간'과 '내적 공간'으로 존재한다. 그러므로 공간성을 얘기할 때 단순히 외적으로 존재하는 공간만을 말하고 이해한다면 많은 부분을 놓치는 오류를 범할 수 있다. 외적 공간에서는 어떤 사건이 발생하고 있는지를 살펴야 하고, 내적 공간에서는 그 사건을 어떻게 느끼며 어떻게 행동하는지를 살펴야 한다. 외적 공간이나 내적 공간은 사회성과 연결고리를 갖는다.

이와 같이 내러티브 탐구는 시간적 차원을 가지고 시간적 문제를 다루고, 탐구에 적절한 균형을 고려하여 개인적인 것과 사회적인 것에 초점을 두며, 특정 장소나 일련의 장소에서 진행된다(김대현, 2006, p. 111). 3차원적 내러티브 탐구 공간에서 일할 때, 우리는 늘 그 공간의 한복판, 즉 시간, 장소, 개인적 · 사회적 차원의 어딘가에 위치해 있는 우리 자신을 보게 된다. 그러나 우리는 또 다른 의미에서 한가운데에 있는 자신을 본다. 즉, 다른 사람들의 이야기의 한가운데에 있음을 보는 것이다. 결국 우리는 일련의 우리 자신의 이야기와 다른 사람들의 이야기 한복판에 있는 우리 자신을 본다

(Clandinin & Connelly, 2007, p. 133). 이렇게 인간의 경험은 시간적인 진행 경과와 환경적인 조건의 토대 위에서 자신의 주체성과 타인의 객체성 속에 내포된 동질성과 이질성의 상호작용 그리고 개인의 고유한 개성뿐 아니라 사회 집단의 영향력을 끊임없이 받으면서 형성되고, 연구자는 이로 인한 연구에 참여하는 개개인의 다양하고 특별한 반응을 접촉하고 다루게 된다.

연구자는 연구 참여자가 자신의 경험을 내러티브로 표현하게 될 때 연구 참여자의 경험 안에 존재하는 3차원적 내러티브 탐구 공간을 경험한다. 내러티브를 통해 연구 참여자가 만들어 낸 3차원적 내러티브 탐구 공간에 연구자가 머물게 되면서 연구 대상이 되는 경험의 시간적 특성, 개인적-사회적 상호작용의 의미, 특정한 장소와 같은 물리적 환경과 관련된 상황을 깊이 있게 연구할 수 있게 된다. 그리고 연구의 결과물을 접하게 되는 독자는 내러티브 연구를 통해 연구 참여자가 경험한 공간을 경험할 뿐만 아니라 이에 대한 연구자의 의미 해석 역시 동시에 접하게 된다. 다시 말해서 내러티브 연구는 연구의 독자에게 연구 참여자가 경험한 사건에 대한 시간적 특성, 개인적-사회적 의미, 물리적 환경을 보다 생생한 이해를 가능케 하는 방법이다(유기웅, 2012, pp. 147-148). 연구자는 이러한 공간을 고려하면서 현장 노트를 쓰고 난 뒤 이를 연구 참여자와 공유하고, 보완해서 다시 글을 써 내려가는 작업을 하게 된다.

3차원적 내러티브 탐구 공간은 각각의 차원을 여행이라는 은유를 통해 방향을 나타내는데, 안으로(inward), 바깥으로(outward), 뒤로(backward), 앞으로(forward)를 가리킨다. 경험의 상호작용은 안과 바깥의 방향과 관련되며, 경험의 계속성은 뒤와 앞의 방향과 관계가 있다. 안쪽 방향은 경험이 일어나는 개인의 내부 조건, 즉 느낌, 희망, 미학적 반응, 도덕적 성향 등을 가리키며, 바깥 방향은 경험이 발생하는 외부 조건인 환경을 가리킨다.

뒤쪽 방향은 현재 경험의 바탕이 되는 과거 경험을 살펴보는 것이며, 앞의 방향은 현재 경험의 기반 위에서 앞으로 다가올 경험을 상상해 보거나 예측하는 것을 의미한다(김대현, 2006, p. 115). 즉, 현재 경험이 과거 경험으로부터 어떤 영향을 받았는지(backward)를 살피고, 또 미래 경험에는 어떤 영향을 주게 될지(forward)를 살펴야 한다는 것이다.

내러티브 탐구는 경험을 3차원적 내러티브 탐구 공간 속에서 진행해 나가는 연구이다. 즉, 연구자와 연구 참여자의 경험을 상호작용, 시간성, 장소의 3차원에 위치시키고, 안, 밖, 뒤, 앞의 네 가지 방향에서 경험을 탐색하고 분석하는 것을 말한다. 인간의 경험을 연구하고 그 경험을 이야기로 표현하는 내러티브 탐구자는 3차원적 공간 안에서 네 가지 방향성을 가지고 질문하고, 현장 노트를 수집하고, 해석을 끌어내며, 연구 텍스트를 쓰게 된다. 이 연구 텍스트는 안과 밖을 검토함으로써 개인적이고 사회적인 쟁점을 다루고, 사건뿐만 아니라 그것의 과거와 미래를 검토함으로써 시간에 따른 쟁점을 다룬다(Clandinin & Connelly, 2007, p. 112). 내러티브 탐구자들은 현재 일어나고 있는 이야기뿐 아니라 기억 저편의 과거 이야기는 물론 앞으로 일어나게 될 미래의 이야깃거리도 드러낸다. 이때 연구자 자신도 이 공간 안에서 자신의 과거, 현재, 미래와 만난다.

인간은 내러티브 창조물 속에 존재하며 창조물에 의해 강력하게 영향을 받는 존재이다. 그러므로 내러티브 탐구 방법에서 연구자와 참여자는 서로 협력적인 관계를 갖는다. 내러티브 탐구를 수행하기 위해서는 연구자와 참여자가 신뢰와 상호존중의 관계를 형성하고 발전시켜 가는 가운데 참여자의 경험이 탐구되어야 한다. 내러티브 연구자는 내러티브적 설명의 해석자이자 생생한 텍스트의 편집자로 존재한다. 연구자는 참여자의 내러티브를 다른 방식으로 말함으로써 참여자의 내러티브의 내용과 방식에 점진적으로 영향을 주며, 그의 진정한 내러티브를 재구성하게 한다.

내러티브 탐구의 3차원적 특성은 다른 질적 연구와 구별되는 연구의 특성을 보여 주기에, 유기웅은 다음과 같은 경우에 적합한 방법론적 접근이 될 수 있다고 주장한다.

첫째, 시간적 순서에 의해 일어난 사건에 대한 연구이다. 내러티브 연구에서는 연구 참여자가 경험한 한 사건을 현재 벌어진 사건이 아닌 과거에 있었던 다양한 사건과 연관되어 일어나는 것으로 이해한다. 내러티브 안에는 항상 사건이 시간의 흐름에 따라 존재한다. 따라서 연구 참여자가 자신의 경험을 내러티브를 통해서 표현하게 될 때 자연스럽게 그 경험과 관련된 과거의 경험과 연결 지어 해석하고 새로운 의미를 부여하게 된다.

둘째, 내러티브 연구는 한 개인의 삶의 변화와 관련된 연구와 적합하다. 내러티브 연구는 다른 질적 연구의 방법보다 한 사람의 인생에 초점을 맞추는 연구에 적합하다. 내러티브의 특성상 한 개인은 자신에게 일어난 다양한 사건을 이야기하게 된다. 자신의 삶을 관통한 어떠한 주제에 대해서 이야기할 때 연구 참여자는 자신의 인생의 과거, 현재, 미래를 자연스럽게 이동하며 내러티브를 통해 표현한다. 따라서 연구 참여자가 말하고 살아온 전반적인 삶의 경험을 이해하는 방법으로 적합하다.

셋째, 내러티브 연구는 연구 참여자의 경험의 맥락을 강조한다. 내러티브 안에는 사건과 관련된 다른 등장인물과의 관계에 대한 경험, 삶의 과제나 문제의 발생과 해결, 시대적 또는 문화적 배경, 공간적 특성 등이 자연스럽게 등장한다. 연구자가 연구 참여자의 경험과 관련된 다양한 맥락에 관심이 있을 때 내러티브 연구 방법을 선정하는 것이 바람직하다(유기웅, 2012, pp. 148-149).

2) 내러티브 탐구의 정당화

내러티브 탐구의 연구 설계 단계에서 연구의 목적과 정당화를 확인해야 한다. 특히 내러티브 탐구는 개인적인 이야기에서 출발하므로 경험 이야기를 다시 이야기하는 것이 왜 중요한지에 대한 정당성을 분명히 할 수 있어야 한다.

내러티브 탐구는 연구의 관심이 연구자 자신의 경험으로부터 나오기 때문에 항상 자서전적인 성격을 강하게 띤다. 따라서 내러티브 탐구자가 개인적으로 관심 있는 연구 문제가 사회적으로는 어떤 의미가 있는지 정당화하는 일과 개인의 흥미를 더 큰 사회적 맥락 및 다른 사람들의 삶과 연결하는 일은 매우 중요하다.

클랜디닌은 연구의 정당성을 확보하기 위해 다음과 같이 세 가지 방식의 질문을 제안하였다(Clandinin, 2015, p. 51).

- 이 내러티브 탐구가 개인적으로 왜 중요한가?
- 이 내러티브 탐구가 실천에 있어서 어떤 차이점을 만들 수 있는가?

- 이 내러티브 탐구가 사회적으로나 이론적으로 어떤 기여를 할 수 있는가?

이러한 질문에 따라 클랜디닌은 개인적 정당화, 실제적 정당화, 사회적 정당화의 측면을 고려할 것을 제안하고 있다.

- 개인적 정당화: 내러티브 탐구는 개인적 삶의 경험과 긴장, 개인적 탐구 퍼즐의 맥락에서 정당성이 확보되어야 한다. 탐구 안에서 우리 자신이 누구인지, 어떤 존재가 되어 가는지, 탐구 퍼즐에 대해 무엇을 하고 있는지를 이해해야 연구 참여자의 경험이 깨어 있게 되기 때문이다.
- 실제적 정당화: 연구자는 탐구의 주제가 실제 상황 안에서 이동하고 변화하는 실천 가능성에 대해 고려하는 것이 중요하다. 내러티브 탐구의 결과가 개인적 관심에 멈추지 않고 실천 가능성을 포함할 때 의미가 확장될 수 있다.
- 사회적 정당화: 사회적 행동과 정책의 정당화뿐만 아니라 이론적 정당화의 두 가지 방식으로 생각해 볼 수 있다. 내러티브 탐구의 결과가 커다란 범주의 사회적 관심 간의 관계성을 창출해 낸다면 가치 있는 시도가 될 수 있다.

이러한 개인적, 실제적, 사회적 정당성은 탐구의 시작부터 마무리까지 단계마다 연구자가 지속적으로 붙들고 있어야 할 인식이다. 연구자에게는 개인의 관심과 중요성에 대한 감각과 함께 타인의 삶 안에 표현되는 보다 넓은 사회적 관심 간의 관계를 탐색하고 분석할 수 있는 능력이 요구된다. 연구자는 개인적인 탐구 퍼즐에서 탐구를 정당화하는 것으로 시작하여, 경험 이야기를 다시 이야기하는 과정을 통해 실제에서의 실천 가능성에 대한 의미를 형성하며, 나아가 사회적 정당성을 부여하는 과정으로 확장해 가야 한다.

연구의 시작 단계에서 정당성의 확보와는 달리 질적 연구 방식으로의 추후 진행과 결과에 대한 엄격성 또는 타당성에 관해 염지숙은 학술 논문을 작성하면서 자신의 연구 타당성을 다음과 같이 다섯 가지 방식으로 제시하였다(염지숙, 2015, p. 324).

> 연구의 타당성은, 첫째, 충분한 기간 현장에 머물면서 자료 수집, 둘째, 참여 관찰, 연구 일지, 대화 등 다양한 방법으로 자료 수집, 셋째, 연구 진행 시 질적 연구에 전문성을 갖춘 국내 연구자들과 협의, 넷째, 자료 분석과 해석 시 전문가와 협력, 다섯째, 연구의 전 과정에서 참여자들과 지속적인 대화를 통해 이야기의 적합성을 묻고 그들의 의견을 현장 텍스트 작성 시 반영함으로써 확보하고자 노력한 점이다.

대다수의 질적 연구에서는 연구의 타당성을 입증할 수 있는 공통적인 방식을 사용하고 있는데, 일반적으로 많이 사용되는 방식은 다음과 같다.

- 삼각 검증법: 다수의 연구자, 다수의 자료수집 방식, 연구 결과를 확인하기 위한 다수의 방법을 사용하는 방법
- 연구 참여자 확인법: 연구를 수행하고 수집된 자료를 분석하는

과정에서 연구 참여자들의 견해를 물어 연구의 정확성을 추구하는 방법(연구 수행 당시 자신의 의견을 왜곡하지 않고 제대로 해석하였는지, 연구자의 표현 및 기술이 정확하고 공정한지, 분석 과정에서 빠뜨리거나 임의로 추가된 사항은 없는지, 연구 결과가 제대로 참여자의 견해를 나타내고 있는지 등)

- 장시간 관찰법: 연구가 행해지고 있는 장소 또는 현상이 반복되고 있는 것을 비교적 장기간에 걸쳐 관찰을 수행함으로써 타당성을 높이는 방법
- 동료 검토법: 연구 주제, 연구방법론 그리고 관련 분야에 식견이 있고 연구에 대해 자신의 의견을 충분히 제공할 수 있다고 판단되는 전문가 집단 3~5명을 선정하여 그들에게 연구 분석 자료와 연구 결과에 대한 검토를 요청하는 방법

내러티브 탐구의 상담학적 적용

인간의 존재와 함께 내러티브도 존재해 왔기 때문에 내러티브는 인간의 역사와 함께한다고 말할 수 있다. 인간은 내러티브로 살아가며 내러티브의 입장에서 삶을 이해하기 때문이다. 인간은 자신이 이야기의 주체가 되어 자신의 이야기를 만들어 가는 존재임과 동시에 다른 사람의 이야기를 누군가에게 서술하는 존재라는 점에서 내러티브적 존재이다. 우리가 이야기를 하고 '다시 이야기'하는 동안 우리가 누구이며, 어디로 가고 있는지에 대한 의미 있는 정보를 제공하고 있다(염지숙, 2003, p. 124). 요컨대, 내러티브는 삶의 경험이나 삶을 구체화하는 핵심 수단이 되는 기본 도식이다. 이런 관점에서 내러티브 탐구는 인간이 자신의 삶을 이야기로 경험한 어떤 내용에 대해 지적인 작업을 할 수 있다는 것을 학문적 전제로 삼는다(Clandinin, Cave, & Berendonk, 2017, p. 90).

개인과 조직의 삶이라는 인간 존재의 이해에서 내러티브는 중심 역할을 가지고 있다. 그러므로 인간 경험과 행동에 대하여 학문적 평가와 이해를 얻고자 하는 연구, 특히 상담학에서 내러티브 탐구 방법은 매우 중요하고 필요한 방법이다. 내러티브 탐구(narrative inquiry)는 이야기 심리학(narrative psychology), 이야기치료(narrative therapy)와 인간의 이야기 경험을 학문적인 주 관심사로 놓고 인간의 문제 이해와 해결의 주된 접근 방식으로 삼는다는 공통점이 있어서 서로 학문적인 이해와 협력을 적극적으로 추구해 나간다면 더욱 발전된 연구 결과를 얻을 수 있을 것으로 기대된다.

상담 현장에서 사람들은 자기 자신과 자신의 삶을 해석하고 설명하기 위해 내러티브를 이용한다. 내러티브 접근은 세상 속에서 인간이 살아가는 방식을 터득해 가며 그 의미를 밝혀내는 방법이다. 우리가 간과할 수 있는 인간 내면의 깊은 이야기나 미세한 음성을 들을 수 있는 기회를 제공해 준다. 내러티브 탐구는 때로는 침묵으로, 때로는 무시되어서 감추어질 수밖에 없었던 한 개인의 이야기가 진정한 자유를 경험하고 세상 밖으로 나오게 하는 출구가 된다(최민수, 2009, pp. 270-271).

내러티브 탐구는 숨겨진 이야기나 고통스러운 경험을 탐구자의 방법적인 렌즈를 통해서 세상에 표현할 수 있는 방식을 제공해 준다. 내러티브 연구자는 자료가 스스로 말하는 것을 허용함으로써 자료에 생명을 불어넣어 준다. 숨겨져 있고 잠들어 있는 그들의 이야기에 생명을 불어넣어 주고 세상에서 빛을 볼 수 있도록 기지개를 켜 준다. 즉, 숨겨져 있었던 이야기를 살아 있는 이야기로 만들어 가는 과정이 바로 내러티브 탐구인 것이다(최민수, 2009, p. 283).

우리는 이렇게 이야기를 통해 자신과 세계 그리고 이웃을 발견하게 되며, 이야기 속에서 인간의 마음과 생각을 이해하므로 한 인간의 정체성과 치유에 대한 통찰을 얻을 수 있다(양유성, 2004, p. 7). 인간의 정체성을 구성하는 방식이 개인 내면의 복잡하고 역동적인 반응이기 때문에 내러티브 탐구는 인간의 정체성을 밝혀내는 데 적절한 연구 방식이 될 수 있다.

상담학에서 주로 다루는 이야기는 무엇보다 치유 이야기(healing story)를 의미한다. 자신의 삶에서 변화와 성장을 경험한 이야기, 또는 자신의 삶에서 어떤 심리적 갈등을 불러일으키거나 고통을 주는 문제를 해결하거나 극복한 경험 이야기에 학문적으로 진지한 관심을 쏟는다. 또한 상담학 연구와 임상 수련에서 자주 접하게 되는 상담 사례연구 자체가 일종의 내러티브 접근이라고 볼 수 있다.

1. 이야기 심리학의 개념과 적용

인간은 자신의 삶을 내러티브를 통해 기억한다. 우리가 보고 듣고 겪은 경험은 이야기 형식으로 정리되어 우리의 기억 속에 보관된다. 우리가 과거의 경험을 기억해 낸다면, 그 경험과 관련된 사람, 시간, 공간, 사건이나 활동 등을 같이 기억하는데 이는 내러티브를 이루는 요소가 된다(유기웅, 2012, p. 144).

사람들은 자신의 경험을 다른 사람에게 말할 때 이야기의 형식을 취하게 된다. 이야기의 형식이란 등장인물, 시간, 장소, 일어난 사건 등의 요소가 줄거리를 갖추어 짜임새 있는 형태를 띠는 것을 의미한다. 혼자 있으면서 자신의 경험을 떠올릴 때도 경험은 이야기 형식을 필요로 한다. 경험이 이야기의 형식을 갖추지 않으면 파편적인 기억으로 남게 될 뿐 의미 있는 내용으로 구성되지 못한다(김대현, 2006, p. 113).

내러티브에는 내러티브를 만든 사람의 생각과 감정, 내러티브 속

다양한 등장인물의 성격과 행동 특성, 내러티브가 존재하는 사회의 시대적 상황 등이 고스란히 담겨 있다. 따라서 내러티브 연구는 내러티브의 분석을 통해서 내러티브 속에 존재하는 다양한 인간의 모습과 특성에 대한 탐구를 실시하는 것이다.

이야기(story)는 어떤 사람에게 일어난 사건에 대하여 말로 기술한 것을 의미한다. 이야기는 어떤 사람에게 일어난 어떤 일이나 사건에 대한 특정한 이야기와 그 사람의 인생 전반에 걸친 삶의 이야기(a life story)로 구별할 수 있다(김대현, 2006, p. 114). 또한 이런 이야기를 배경으로 한 스토리텔링은 인류 문명에서 문자가 생기기 이미 오래전부터 그림이나 상징물 또는 구전에 의해 인간의 경험을 표현하고 전달했던 방식으로써 인간의 경험을 이해할 수 있는 가장 오래된 의사소통 방식이었다. 인간에게 이런 방식은 매우 자연스러운 것이었고, 다른 어떤 방식보다 쉽고 재미있게 전달할 수 있는 표현 기술이 더욱 발전하게 되었다.

1) 이야기의 형태

노스럽 프라이(Northrop Frye)는 주인공의 특징과 다른 등장인물들의 환경을 비교하면서 모든 문학 이야기는 네 가지 형태로 분류된다고 주장하였다. 그래서 관객을 웃기기 위한 희극(comedy), 모험담, 무용담, 연애 소설, 공상 소설 등을 통칭하는 로맨스(romance), 슬프고 비참한 사건을 다룬 비극(tragedy), 삶의 모순되고 불합리한 점을 폭로하고 비웃는 풍자(irony)의 네 가지 원형으로 압축하였다. 여기서 희극은 새벽, 봄, 출생 단계의 원형으로, 로맨스는 정오, 여름, 결혼 단계의 원형으로, 비극은 석양, 가을, 죽음 단계의 원형으로, 풍자는 어둠, 겨울, 해체 단계의 원형으로 보았다.

희극, 로맨스, 비극, 풍자와 같은 방식은 한 인간의 삶의 이야기에도 동일하게 적용될 수 있고, 전반적인 이야기의 분위기를 이해하도록 돕는다. 이를테면, 희극과 로맨스는 낙관적인 이야기의 분위기를 제공하는 반면, 비극과 풍자는 비관적인 분위기를 제공한다(McAdams, 2015, pp. 67-69). 희극과 비극이 정반대의 분위기와 성격을 띠듯이 로맨스와 아이러니(풍자)도 서로 대극적 관계를 이룬다.

문학적인 입장에서 이야기의 필수적인 요소로 꼽는 것은 다음과 같다.

- 배경: 이야기가 벌어지는 세계 또는 환경의 범위와 구성 요소
- 인물: 이야기 속에 등장하는 사람들과 그들의 성격 또는 특징
- 플롯: 이야기의 배경 아래에서 각 인물이 펼치는 사건의 줄거리와 전개 방식
- 톤(tone): 화자가 이야기를 풀어 나가는 독특한 분위기 또는 무드

여기서 먼저 배경에 관한 질문을 만들어 보면 다음과 같다.

- 이 이야기는 언제 일어났으며, 그 시간적 또는 시대적 배경은 어떠합니까?
- 이 이야기가 벌어진 공간 또는 장소는 어떠합니까?
- 이 이야기의 사회문화적 · 정치경제적 배경은 어떠합니까?
- 이러한 다양한 배경이 이야기의 등장인물과 사건에 어떤 영향

을 미칩니까?

다음은 인물에 관해 만들어 본 질문이다. 인물은 이야기를 지배하는 핵심 요소이다. 인물의 면모는 사건의 흐름을 좌우하며, 궁극적으로 일련의 사건 전체가 드러나는 세계의 형상에 영향을 미친다(방은수, 2018, p. 196).

- 이 이야기에서 주된 등장인물은 누구이며, 보조 인물들은 누구입니까?
- 인물들의 외모나 신체적 특징은 어떠합니까?
- 그들의 성격은 어떻습니까?
- 복합적이고 입체적인 성격입니까, 아니면 단순하고 평면적인 성격입니까?
- 그 성격을 좀 더 상세하게 묘사할 수 있습니까?
- 그 인물의 말과 행동, 심리와 정서, 신념이나 가치관은 어떻습니까?
- 그 인물이 처한 삶의 조건이나 환경은 어떻습니까?
- 인물들 간의 상호관계는 어떻습니까? 누가 누구를 좋아하고 누구를 싫어합니까?

이야기의 요소 중 플롯에 관해 살펴보면, 때로는 우리에게 벌어지는 불연속적이고 이질적인 사건들이 바로 플롯에 의해 어떤 일관성을 지니게 된다. 다시 말하면 내러티브가 끌고 가는 이야기의 논리가 플롯이다. 즉, 플롯은 이야기의 진행과 결말을 통해 의미를 생성해 내는 역동적인 과정으로 이끌고 간다. 그래서 이야기는 시간의 순서에 따라 엮어 나가기도 하지만, 등장인물들의 관점과 그들의 마음속 숨겨진 동기를 어떻게 연결하느냐에 따라 다르게 엮을 수도 있는 것이다.

이야기의 톤 또는 분위기는 인생의 처음 2년 동안 일찍 형성되는데, 어떤 삶의 이야기는 낙관성과 희망을 보이지만, 다른 어떤 이야기는 불신과 체념의 언어로 표현되는 비관성과 양면성을 띤다. 맥아담스는 이런 양면성은 영아기의 애착 형성의 유형에 따라 달라질 수 있다고 주장하는데, 안정 애착은 낙천적인 이야기 분위기를 강화하는 반면, 불안정 애착은 비관적인 전망을 갖게 한다(McAdams, 2015, pp. 62-63). 또한 이런 이야기의 분위기 여하에 따라 한 인간의 삶의 이야기는 네 가지 원형적 이야기 형태 중에서 희극 또는 비극으로 전개될지를 예고해 주기도 한다.

2) 이야기의 주제와 동기

맥아담스는 삶의 이야기의 주제를 크게 두 가지로 보면서, 성취지향적 주제와 관계지향적 주제로 나눈다. 성취지향적 주제의 기본적 관심은 '어떻게 하면 다른 사람들과 달리 자신이 유능하게 보일 수 있을까?'에 있다. 따라서 이런 이야기 주제를 가진 사람들은 자신의 이야기 대본을 남과 다른 자신의 모습, 즉 비교 우위를 추구하는 삶의 대본을 쓰게 된다. 이런 이야기 대본 속에서는 대인관계의 중요성보다 일이나 성취가 삶의 성공을 결정짓는 중요한 요소로 등장한다. 때문에 이런 주제를 가진 사람들은 보다 나은 성취를 위해 자신의 에너지를 집중적으로 투자하며 남들보다 앞서 가는 삶을 살려고 노력한다. 그러나 그런 성취나 성공은 항상 다른 사람들과의 비교를 통해 얻어지는 것이기 때문에 불안한 가능성을 동시에 지닌 인생 대본이 되기 쉽다. 이런 사람들에게 인간관계는 다양하지만, 깊이보다는 넓이를 추구하여 자기중심적이거나 자기과시적인 인간관계의 동기를 지니기 쉽다.

반면, 관계지향적 이야기 주제의 기본 관심은 자신을 해체하고 다른 사람들과 합일하려는 본능을 실현하는 데 있다. 이런 이야기 주제를 가진 사람들의 주된 관심은 우정, 돌봄, 나눔 등의 실현에 보다 집중하는 삶의 길을 걷는다. 때문에 자기중심적, 비교우위적 또는 소유지향적인 삶의 방식보다는 삶의 나눔과 친밀한 관계 형성에 보다 많은 관심을 쏟는다. 이들의 사회적 역할은 말하는 자보다 듣는 자로, 앞서 가는 지도자보다 조용히 협조하는 구성원으로 역할하기를 선택하며 그렇게 함으로써 얻게 되는 공동체의 화합과 조율에 보다 큰 의미를 둔다. 넓이와 다양성을 추구하기보다는 깊이와 관계의 질을 추구하는 인간관계의 특성도 보인다.

프로이트를 포함한 여러 심리학자의 보고에 의하면, 인간의 내면 속에는 역설적이게도 서로 다른 두 가지 본능인 성취지향적 욕구와 관계지향적 욕구가 공존한다고 말한다. 이 성취와 관계는 모든 사람의 이야기의 중심 주제이다. 사람에 따라서 이 두 가지 본능 중 어느 하나가 절대적으로 우세하여 삶의 주제가 그 동기를 중심으로 결정되는 사람도 있지만, 보편적으로는 이 두 가지 본능이 적절하게 조화를 이루며 삶의 주제가 형성된다. 이처럼 이 두 가지 주제가 삶의 행동 속에 조화를 이루며 나타나는 사람을 심리학에서는 건강하게 기능하는 사람이라 말한다. 때문에 우리가 한 인간의 성취와 관계에

얽힌 경험을 간과한다면 그의 삶의 이야기를 깊이 있게 이해했다고 말할 수가 없는 것이다.

이런 이야기 주제를 바탕으로 삶의 이야기 속에 어떤 인물들이 등장하고, 어떻게 자신의 삶의 이야기에서 주인공이 선택되며, 각기 어떤 삶의 모습을 보여 주는지 살펴보기로 한다. 맥아담스에 의하면 이야기 주제와 관련하여 이야기 주인공을 선택하는 형태는 크게 네 가지로 분류해 볼 수 있다고 주장한다(McAdams, 2015, pp. 153-207).

첫째, 성취동기가 유난히 강한 사람들이 선택하는 이야기의 주인공이 있다. 이 세상에서 자신이 존재하는 의미를 삶의 성취를 통해 추구하려는 동기를 지닌 사람들은 이야기 주인공으로 전사(warrior), 여행자(traveler), 현자(sage), 제작자(maker)를 선택하는 경향이 있다. 즉, 성취동기가 다른 동기보다 앞서 있는 사람들은 그들의 삶을 마치 전쟁터에 들어간 병사가 오직 전쟁의 승리를 위해 수단과 방법을 가리지 않는 것처럼 그들의 삶의 여정 속에서 남보다 우월하고 앞서 나가기 위해, 그래서 인생이라는 전쟁터에서 승리자의 기쁨을 만끽하기 위해 자신의 모든 것을 아끼지 않는 그런 삶의 이야기를 써 내려간다. 이런 삶의 대본을 전사의 주인공을 지닌 이야기라고 말할 수 있다. 또한 인생은 자신의 영역을 넓히는 것이고, 인생의 보람은 얼마나 자신의 영토를 확장했느냐에 따라 행복과 불행이 좌우된다고 믿고 살아가는 여행자와 같은 삶의 이야기를 써 가는 사람들도 있다. 현자를 주인공으로 선택하는 사람들은 자신이 가진 지식을 남과 구별되는 비교 우위와 성취동기로 인식하고 축적하면서 삶의 수단으로써 사용하고자 한다. 제작자를 주인공으로 선택하는 사람들은 이 세상을 커다란 시장으로 보고 그 시장에 자신이 생산자로서 많은 상품을 내놓고 경쟁에서 이기는 것을 삶의 목표로 삼는다. 이런 네 가지 형태의 사람들에게서 나타나는 공통된 특징은, 그들이 선택한 삶의 직업적 특수성이 문제가 아니라 그들이 살아가고 인식하는 삶의 궁극적 목적과 의미의 추구가 남과 다른 나, 남보다 우월한 나, 그럼으로써 다른 사람들을 지배하거나 조종할 수 있는 힘을 지닌 나를 추구하는 삶의 대본을 지니고 살아간다는 사실이다.

둘째, 성취지향적 주제와 달리 관계지향적 주제를 가진 사람들이 선택하는 여러 주인공의 모습이 있다. 다른 사람들을 사랑하고 친밀한 관계 속에서 살아가는 것을 중시하는 연인(lover), 다른 사람들의 필요와 아픔에 연민과 동정심을 갖고 민감하게 반응할 줄 아는 돌보는 사람(caregiver), 인생의 최대 과제와 기쁨을 가까운 사람들과의 만남과 사귐에 두는 친구(friend) 그리고 어떤 모임이나 공동체에서 보이지 않게 그 모임의 결속과 조화가 이루어지도록 자신을 희생하며 공동체를 만들어 나가는 성직자(ritualist)로서의 주인공 모습을 자신의 이야기 세계 속에 내면화하며, 실제 삶에서도 그 내면화된 주인공의 모습으로 살아가는 사람들이 있다.

셋째, 관계와 성취, 두 가지 동기가 조화를 이룬 사람들의 이야기 주인공들이 있다. 즉, 자신을 주장할 줄도 알고, 동시에 자신이 희생하거나 양보하여 다른 사람들과 협력할 줄도 아는 두 가지 동기가 균형과 조화를 이룬 사람들이 이야기 주인공들의 모습이다. 자신이 다른 사람을 치유하는 삶의 주체가 됨을 인식하면서 다른 사람들을 위해 헌신하는 치유자(healer), 스스로 지식을 탐구하며 자신을 성장시키면서 다른 사람들에게도 똑같은 삶의 희열과 자아실현의 길로 인도해 가는 교사(teacher), 자기 자신의 아픔과 상처를 통찰하면서도 다른 사람들의 아픔과 고통을 경청하는 상담자(counselor), 삶의 궁극적 목표를 소유보다는 나눔과 정의에 두고 그런 이상을 위해 자신을 초월한 용기를 지닌 휴머니스트(humanist) 등의 이야기 주인공들이 바로 여기 속한다. 이 주인공들의 공통된 모습은 자기 자신만을 위한 자기주장을 이야기로 펼쳐 가는 주인공이나, 반대로 자신을 해체하며 다른 사람들을 위해 희생하거나 포기하는 자아의 경계선이 희미한 주인공이 아닌, 자신을 잃지 않으면서 자신을 넘어서는 성숙한 모습이다.

넷째, 성취와 관계의 동기가 다 희미한 이야기의 주인공 모습을 가지고 자신의 이야기를 살아가는 사람들이 있다. 이런 사람들의 이야기 속에 나타나는 주인공의 모습은 언제나 어렵고 힘든 삶의 길을 회피하는 도망자(escapist), 자기 자신에 대한 자신감을 갖지 못하고 삶에 대한 주저함과 소극적 참여로 일관하는 생존자(survivor) 등의 모습이 존재한다. 이런 주인공의 모습을 써 가는 사람들의 이야기 대본 속에는 긍정적이고 중요한 멘토에 대한 기억이나, 사랑을 받거나 주었던 경험도 없이 단지 삶은 우연이며, 고통스러운 과제일 뿐이라는 삶과 자신의 모습에 대한 부정적인 이미지로 가득 차 있다는 특징을 지니고 있다.

우리는 이런 이야기 주제와 연관된 한 인간의 이야기 안에 내재되어 있는 주인공들의 모습을 구체화함으로써 그의 삶의 여정과 일상적 역할 속에 숨어 있는 내면적 욕구와 그 사람이 살고자 하는 삶의 지향성을 보다 선명하게 읽어 낼 수 있게 된다. 동시에 이 이야기 주인공들은 한 개인의 이야기 세계가 지닌 독특한 삶의 특성과 사회문화적 환경, 가치관 등을 반영하기도 하며, 우리의 성격과 행동의 패턴을 드러내 주는 지침이 되기도 한다. 이들은 우리가 살아가는 현실의 이야기 세계 속으로 등장하고, 삶의 특정한 장면 속에 출현하여 사건을 만들어 가고, 인생의 행복과 불행, 성공과 실패 등의 이야기 줄거리를 형성해 가기 때문에, 이야기 주제와 주인공에 관해 수집된 자료들은 성인이 된 자신의 인생 대본을 만들어 갈 때 없어서는 안될 중요한 자료가 된다.

강한 힘의 동기를 가진 사람들은 자신의 삶의 경험으로부터 다음의 네 가지 플롯이 자주 등장한다(McAdams, 2015, p. 372).

- **힘 또는 영향력**: 신체적 · 정신적 · 정서적 · 도덕적 힘의 감각을 얻음으로 강한 영향력을 추구하는 특성 또는 다른 사람들에 대한 강한 영향력을 갖거나 가지려는 특성
- **지위 또는 인정**: 높은 지위나 위치를 얻거나 칭찬과 인정을 받으려는 특성 또는 유명해지거나 중요하게 여겨지려는 행위를 하는 특성
- **자율성 또는 독립성**: 자율성, 독립성, 자기충족성, 분리, 자유, 해방 또는 자기통제의 감각을 추구하는 특성
- **자신감 또는 성취**: 목적을 성취하고 탁월한 기준에 도달하여 유능한 방식으로 해내고, 능률적 · 생산적 · 효과적인 면에서 성공을 추구하는 특성

친밀감에 대한 강한 필요를 가진 사람들은 자신의 삶의 경험으로부터 다음의 네 가지 플롯이 자주 등장한다(McAdams, 2015, p. 373).

- 사랑 또는 우정: 대인관계의 결과로서 긍정적인 감정을 경험하는 특성
- 대화 또는 공유: 다른 사람과 좋은 대화 속에서 상호 소통을 경험하는 특성
- 돌봄과 지지: 도움, 위로, 지지를 제공하거나 받는 것을 포함하여 다른 사람을 돌보거나 돌봄을 받는 특성
- 일치 또는 연합: 다른 사람들과 일치, 조화, 연합 또는 결속의 감각을 경험하는 특성

2. 이야기치료의 개념과 적용

이야기는 치료적 힘을 지니고 있다. 이야기할 때 감정의 구속과 억압된 사건으로부터 자유를 얻는다(양유성, 2008, p. 31). 이야기치료에서는 상담 과정 속에서 이야기의 치료적 기능을 촉진해 나가고, 치료를 불러일으키는 삶의 이야기를 찾아 적용하는 데 주력한다.

다른 여느 상담과 달리 상담을 이야기로 보는 방식은 인간을 이야기 속에서 살아가고, 자신을 발견하고, 삶의 의미를 찾는 존재로 보며, 상담을 자신과 자신의 삶에 대해 잘못된 방식으로 왜곡되게 쓴 이야기를 건강하고 기능적인 이야기로 다시 써 나갈 수 있도록 도와주는 작업으로 생각한다. 우리 삶의 이야기는 우리에게 우리가 누구이며, 우리가

왜 여기에 있고, 우리가 무엇을 해야 하는지에 대해 알려 준다. 새롭고 건강한 이야기 속에서 행복하고 유능하게 살아가는 어떤 인물로서 자기 자신을 보게 될 때, 우리의 삶을 변화시키고 성장시켜 나갈 수 있는 어떤 힘을 얻게 된다.

이야기 속에서 살아가는 우리의 삶 속에서 사람들은 어떤 의미를 찾기 위해 자신이 겪은 경험을 무엇보다 시간의 흐름 순서대로 꿰맞춰 가는 경향이 있다. 이야기를 통해 우리는 과거에 누구였고, 현재 누구이며, 미래에 누구이고자 하는지를 결정한다. 새로운 대안적 삶의 이야기를 재구성하므로 상담자는 내담자에게 과거와 현재 그리고 미래 속에서 숨겨진 삶의 의미를 찾도록 돕고, 시간의 이동과 탐색 속에서 정체성의 회복과 치유를 경험하도록 이끈다.

1) 과거 이야기의 이해와 탐색

상담에서 내담자가 고통스러워하는 문제 이야기의 발단을 찾기 위해 내담자의 과거 이야기를 듣게 될 때, 상담자는 내담자의 과거 경험 속의 어린아이를 만나게 된다. 상담뿐 아니라 누구나 어린 시절의 모습으로 마음속에 내면화되어 있는 자신의 유아적 존재와 속성을 흔히 '내면아이'라고 부른다. 이것은 아동기의 발달 특성을 지니고 있고, 동시에 인간의 원시적이고 본능적인 형태를 취하면서 긍정적이든 부정적이든 인간의 양면성을 그대로 지니고 있다. 어린아이의 본래 모습 중 긍정적인 면으로 순진하고 자연스럽게 모든 것을 있는 그대로 표현하는 면도 있고, 자기 주변의 가까운 어떤 대상을 쉽게 믿고 의지하는 경향도 있을 수 있다. 어른과 달리 자신이 생계를 걱정하거나 책임져야 하는 일도 없고, 악기를 배우든 운동을 하든 무한한 성장 가능성을 갖고 있다. 영국의 낭만파 시인 윌리엄 워즈워스(William Wordsworth, 1770~1850)는 「무지개(My Heart Leaps up When I behind)」라는 시에서 '어린이는 어른의 아버지'로 지칭하면서 아동을 모든 성인의 인간적 순수성의 원형으로 해석하였다.

학문적 입장에서 이런 내면아이에 대한 이해는 역사적으로 정신분석 학파에서 먼저 시작되었다. 초창기 정신분석학의 인간에 대한 주된 관심은 인간의 정신적 고통의 발단이 되는 최초의 시점을 찾고자 하는 것이었기 때문에 주로 영아기와 유아기에 학문적 초점이 맞춰져 있었다. 정신분석학의 창시자인 지그문트 프로이트(Sigmund Freud, 1856~1939)는 인간의 심리적 구조상 원시적이고 본능적인 형태를 띤 원본능 또는 원초아(id)가 이런 정신적 기능을 주로 맡고 있다고 보았다. 이런 원본능 또는 이드의 속성은 비합리적이고 충동적인 성향을 띠고 있고, 이드가 지배하는 인간은 이기적이고 인내심이 없으며 본능적인 행동을 함부로 하여 초기 정신분석학에서는 인간의 문제를 불러일으키는 주범으로 보게 되었다. 그래서 혹자는 프로이트의 정신분석학을 '이드심리학'이라고 부르기도 하는데, 이런 관점에서 프로이트는 "이드가 있는 곳에 자아가 있게 하라."라는 치료적 제안을 하게 된다. 이것은 강박적으로 이드에 의해 휘둘리는 행동이 자아에 의해 통제되는 합리적 시스템으로 바뀌어야 한다는 의미이다(최영민, 2010, p. 140).

후일 프로이트와 의견 대립으로 독자적 노선을 걷게 된 칼 융(Carl Jung, 1875~1961)은 프로이트와는 다른 관점으로 무의식을 이해한다. 이로 인해 내면아이의 문제도 부정적인 측면을 강조한 프로이트와 달리 창의적이고 생산적이며, 때로는 신비롭고 영적이기도 한 무의식의 긍정적인 면을 부각시킨다. 따라서 '내면아이'도 '영원한 아이' 또는 '신성한 아이' 등의 다른 이름으로 부르기도 한다. 종교나 설화에서 특별한 아이의 탄생은, 과거의 신은 사라지고 새로운 출발을 하는 것을 의미한다. 한 아이가 태어날 때 별이 반짝이며 가능성의 세계가 열린다. 여기서 아이는 미래의 가능성, 구원과 희망의 상징적 이미지이기도 하다(양유성, 2008, p. 73). 역시 초기 정신분석학의 영향을 받은 알프레드 아들러(Alfred Adler, 1870~1937)도 치료 기법의 일환으로 초기 기억 회상을 내놓게 된다. 이 기법은 지금까지도 상담 현장에서 자주 사용되는데, 내담자에게 고통을 주는 현재 문제와 연결되어 있는 과거 어린 시절의 경험을 탐색해 내는 유력한 방식이다.

정신분석에서 심리치료로 넘어오면서 내면아이의 주제는 현대적으로 재해석되어 교류분석 학파의 창시자인 에릭 번(Eric Berne, 1910~1970)은 부모 자아, 성인 자아, 아동 자아라는 삼각 관계의 심리 구도로 프로이트의 구조 이론을 대중적으로 쉽게 표현하였고, 이를 바탕으로 '에고그램(egogram)'이라는 인성 검사 방식까지 만들어 심리분석을 쉽게 할 수 있도록 해 주었다. 가족치료에서도 초창기 머레이 보웬(Murray Bowen, 1913~1990)은 이런 주제는 부모에 의한 정서적 융합 현상으로 자녀에게 문제 증상이 발생하여 분화를 촉진시킴으로써 치료가 될 수 있다고 주장하였다. 알코올 환자를 치료하는 중독 상담에서는 이런 문제를 성인 아이의 문제로 보고, 역기능 가족체계 속의 가족 투사와 다세대 전수 과정에 의해 문제가 발생하는 것으로 본다.

우리는 이렇게 과거 이야기 속에서 우리 속의 어린아이 또는 내면아이를 만나게 된다. 우리가 어린 시절을 그리워하는 것도 마음의 고향이기 때문이고, 퇴행이 일어나는 것도 과거에 안주하고자 하는 심리이면서 내면아이에 대한 동경과 집착으로 볼 수 있다. 이런 내면아이는 알게 모르게 우리를 강력하게 끌고 나가는 무의식적이고 본능적인 부분과 깊이 연결되어 있고, 그런 뿌리 깊은 내면아이의 힘은 때로는 잘못된 패턴을 의식하면서도 그것을 반복하게끔 한다(양유성, 2008, p. 73).

상담에서 이런 내면아이의 모습은 다양한 병리적 현상으로 나타나는데, 안타깝지만 불가피하게 이런 내면아이의 모습은 부모와의 관계 속에 깊이 얽혀 있는 모습을 보게 된다. 성장하면서 적응을 강요당한 내면아이는 거짓된 자아와 동일시되어 진정한 내면아이의 긍정적 측면은 마음의 깊은 벽장 속에 굳게 숨겨진다. 이런 내면아이의 모습은 성장하고 나서는 부부관계의 갈등에서 나타나기도 하고, 우리가 내면아이를 다루는 방식처럼 우리 자신의 자녀들을 양육하기도 한다(양유성, 2008, p. 74).

이처럼 우리 속의 내면아이는 때때로 우리가 성숙한 국면으로 나아가는 것을 방해하곤 한다. 우리의 깊은 상처 자국을 가진 아이, 너무 피곤하여 지치고 무기력해진 아이, 외로움에 울고 있는 아이, 깊은 실망감에 잠겨 있는 아이, 방황하며 혼란에 빠져 있는 아이, 좌절감 속에서 분노하는 아이 등 우리는 먼저 우리 속에서 이런 아이들을 찾아내야 한다. 그리고 그 어린아이가 우리를 어떻게 교묘히 조종하는지 깨닫고 어두움의 사슬 속에서 해방되어야 한다. 이것은 우리가 현재 경험하고 있는 삶 가운데서 건강한 삶의 방식을 방해하는 과거의 어린아이와 같은 미숙한 삶의 방식을 버리는 것을 의미한다. 그럴 때 우리는 다른 사람들과의 관계 속에서 장성한 성인이 되어 지혜롭게 살아가며, 더 이상 어린 시절의 무거운 멍에에 얽매이지 않고 자유로운 인간으로 삶을 즐길 수 있게 될 것이다(양유성, 2008, p. 76).

2) 미래 이야기의 이해와 탐색

우리는 시간의 경과 속에서 자신의 존재와 위치를 확인하곤 한다. 과거-현재-미래라는 시간적 연속성 속에서 삶을 전개시키고 결정짓는다. 때로는 현재만이 우리가 가진 시간 개념의 전부라고 여기고, 우리 인생의 결정적인 부분으로 받아들인다. 이를테면, 과거는 이미 지나가 버렸으니까 사라지고 말았다고 생각한다. 또 미래는 아직 눈앞에 보이지 않기 때문에 단지 가상세계일뿐이라고 생각한다. 그러나 우리는 우리가 회상하는 과거에 대해서 영향을 받을 뿐 아니라, 우리가 마음속에 그려 보는 미래에 대해서도 영향을 받는다(Andrew, 1997, p. 69). 사실상 현재의 나 자신은 과거에 숨겨진 나의 유아적 자아와 미래의 나의 모습이라고 상상하는 자아와 분리시켜 생각할 수 없는 것이다. 과거의 내가 지금 현재의 나 자신을 이끌고 지배하기도 하고, 내가 되고 싶어 하는 미래가 현재의 나 자신을 만들어 나가기도 한다.

우리 주변에서 현재에 살고는 있지만, 과거에 지배받는 사람들을 종종 보게 된다. 과거에 가까운 관계에서 발생한 상실감에 사로잡혀 환상적인 사랑을 좇아가기도 하고, 과거에 겪은 수치심이나 죄책감으로 인해 다른 사람들을 두려워하며 사회적으로 자신을 격리시키기도 한다. 우리는 먼저 현실을 혼란스럽게 하거나 왜곡시키는 과거의 고통스러운 기억들을 새로운 이야기로 재구성해야 한다. 우리에게 주어진 시간은 본질적으로 앞으로 가고 있는 것이지, 정지 상태로 있거나 뒤로 가고 있는 것은 아니다.

과거라고 하는 시간 영역보다 미래에 대해 더 집중해서 살펴본다면, 미래는 며칠 뒤, 몇 개월 후 또는 몇 년 후 우리에게 찾아올 막연하고 희미한 어떤 것이 아니다. 다시 말하면 미래는 지금 이 순간의 나와 아무 관계가 없는 어떤 것이 아니다. 미래는 이미 우리의 꿈과 계획, 기대와 불안 속에 살아 숨 쉬고 있는 것이다. 우리는 꿈과 희망을 가지고 어떤 것을 바라거나 어떤 사람이 되기를 원한다. 이런 부분이 오늘의 나를 계속 이끌어 나가고 발전시키는 것이다. 즉, 과거를 어떻게 이해하고 바라보느냐에 따라 현재가 행복하고 불행해질 수도 있듯이 미래를 어떻게 이해하고 바라보느냐에 의해서도 현재가 행복하거나 불행해질 수 있는 것이다. 그래서 어떤 사람이 미래를 바라보기를 힘들어한다면 근본적으로 그는 절망감에 사로잡혀 있을 수 있다. 과거 못지않게 이 미래에 대한 이야기도 역시 우리에게 위협적일 수 있다.

기능적인 미래 이야기는 우리가 새로운 삶의 이야기를 추구하고 경험하게 해 주고, 변화를 상상하고, 성장을 예측할 수 있도록 해 준다. 반면에 역기능적인 미래 이야기는 미래를 한정해 버리고, 개인이나 집단의 미래를 제한해 놓는다(Andrew, 1997, p. 168). 우리는 자신의 미래 이야기가 상실되거나 왜곡될 때 절망에 빠지고 정신적 고통과 장애를 일으키기 쉽다.

우리는 이처럼 잘못된 기능을 불러일으키는 미래 이야기에 직면하고 희망찬 미래 이야기를 다시 구성해야 한다. 절망에 빠진 사람은 과거나 미래를 받아들일 수 없거나 또는 받아들이기를 거부하는 사람이다. 오랜 기간 역기능적인 과거 이야기에 사로잡혀 있다 보면 우리가 인생을 바라보는 안목에 결함이 생길 수 있다. 어제의 실패와 상처에만 집중하고 있으면 오늘과 내일의 축복을 바라보지 못하게 된다. 그러나 희망에 거하는 자는 현실적으로 가능한, 그러나 아직 보이지 않는 아름다운 미래에 대해 끈기 있게 바라보며 추구한다.

상담에서 상담자는 내담자에게 미래에 대한 전반적인 계획과 자신의 꿈에 대해 이야기해 보도록 한다. 대부분의 사람들은 자신의 삶에서 얻기를 바라거나, 미래에 실현하기를 바라는 꿈과 계획을 지니고 있다. 이런 꿈과 계획은 우리 인생의 목적, 관심사, 희망과 욕구 등을 불러일으킨다. 상담자는 내담자의 그런 꿈과 계획이 어떤 식으로 자신에게 삶의 활기나 생산적인 힘을 주는지, 다른 사람들을 위해 살아가게 하는지를 이야기해 보도록 한다. 상담자는 삶의 어떤 새로운 전환점이 나타나는지 주목해 보고, 내담자에게 자신의 이야기가 어디로 가고 있는지, 어떻게 그곳에 도달하고자 하는지를 밝혀 보도록 격려한다.

과거-현재-미래라는 시간적인 삶의 주제를 놓고 상담자는 상담과정에서 내담자와 함께 다음 질문들을 생각해 보고 탐색해 본다(Corey, 2001, p. 157). 삶의 이야기는 앞으로 무슨 일이 있기를 기대하고 계획하는지를 살펴보면서 미래로 확장된다.

• 현재의 나에게 지속적으로 영향을 주고 있는 과거의 경험은 무엇인가?

• 내 인생의 한 부분을 바꿀 수 있다면 어떤 것을 바꾸고 싶은가?
• 지금부터 5년 후에는 어떤 삶을 살고 싶은가? 이런 목표를 달성하려면 지금 어떤 단계를 밟아 가야 하는가?
• 미래의 목표와 포부에 대해 얼마나 많이 생각하는가? 자신의 미래에 대한 전망이 오늘 나의 생각과 느낌 그리고 행동에 얼마나 영향을 주고 있다고 생각하는가?

3) 은유의 이해와 탐색

은유는 가장 오래되었고, 우리의 의식 속에 가장 깊이 흐르며, 어떤 것을 아는 데 있어서 필수불가결한 방법으로 쓰인다. 은유는 우리가 잘 알고 있는 것을 통해서 잘 모르는 것을 이해하고 분별하는 인식 과정과 방법이다. 은유의 본질은 한 종류의 사물을 다른 종류의 사물의 관점에서 이해하고 경험하는 것이다. 우리가 어떤 새로운 것을 알게 될 때 이미 과거부터 알고 있는 어떤 것과 연결 짓게 된다. 이렇게 누군가에게 어떤 것이 다른 어떤 것과 비슷하거나 다르다고 표현할 수 있는 능력이 언어체계의 기본 틀과 토대가 되는 것이다(Polkinghorne, 1988, p. 5). 은유는 한 개념을 설명하려고 할 때 무언가 다른 것에 비교해서 설명하는 것인데, 어떤 것을 다른 것과 연결시키므로 새로운 의미를 창출하거나 원래의 의미를 확장시키는 역할을 하기도 한다. 실제로 두 가지가 서로 닮은 점이 별로 없더라도 우리가 한 가지에 익숙하다면 다른 것도 쉽게 이해할 수가 있다.

이처럼 은유는 무엇보다 상이성 속에서 동일성을 보게끔 하면서 이루어진다. 아리스토텔레스(B.C. 384~B.C. 322)는 『시학(One the art of poetry)』에서 좋은 은유는 다른 것들 사이에 유사성을 직관적으로 인식하는 능력과 관계있다고 믿었다(Aristotle, 2002, p. 70). 은유는 우리가 A에 대해 어떻게 생각하거나 말해야 할지 모를 때, A를 다른 어떤 B로 보는 것이다. 그래서 B를 A에 관한 어떤 것을 말하기 위한 방편으로 쓴다. 은유적으로 생각한다는 말은 두 가지 다른 대상이나 사건 또는 어떤 것이든 간에, 거기서 서로 비슷한 단편적인 단서를 찾아내는 것을 말한다. 여기서 한 가지는 우리가 다른 쪽보다 더 잘 알기 때문에, 보다 더 잘 알고 있는 쪽을 우리가 잘 모르는 쪽을 말하기 위한 도구로 사용하는 것이다. 은유는 이처럼 우리가 모르는 세계를 이해해 보려고 할 때, 일단 먼저 우리가 아는 것을 통해 모르는 것에 접근해 갈 수 있는 통로를 만들어 준다.

은유의 본질은 한 종류의 일을 다른 종류의 관점에서 이해하고 경험하는 것이다. 다른 것으로 고쳐 다시 이야기하며 어떤 생각을 표현함으로써 쉽게 정의되거나 설명하기가 쉽지 않은 문자적인 의미를 확장한다. 이런 은유의 특징은 개념 언어가 추상적인 것과 구체적인 것 사이를 연결시켜 주기에 부적절할 때 가장 잘 나타난다. 우리는 어떤 추상적인 개념이나 새로운 경험을 표현할 경우 비유적인 표현인 은유를 사용한다. 은유를 통해 추상적인 경험을 구체적인 경험의 관점에서 이해하고 표현하며, 그에 따라 행동한다(정희자, 1999, p. 226). 은유는 무엇보다 추상적인 세계를 시각화하는 것이다. 이와 같은 방식으로 은유는 우리의 경험과 이해의 범주를 확장하여 새로운 의미를 창조하고, 우리의 삶 전반에 풍성한 의미를 전달한다.

은유는 개방적이고, 수용적이면서, 임시적이기도 하다. 그래서 사고가 절대화되거나 잘못된 편견 속에 빠지는 것을 막게 된다. 은유는 실험적 태도로 평범한 의미를 확장해 전혀 새로운 의미를 불러일으킨다. 은유는 우리가 전체적으로 모든 것을 이해할 수 없을 때 어떤 것을 부분적으로라도 이해할 수 있게 해 주는 매우 효과적인 방법이다.

이런 방식 속에서 은유는 이야기를 끌어낼 수 있는 원초적인 자원을 공급해 주며, 이야기를 형성해 갈 수 있는 밑그림을 효과적으로 그려 볼 수 있도록 하고, 상담에서는 내담자의 깊은 감정과 심층부의 이야기를 변화시킬 수 있는 특별한 힘을 발휘하기도 한다. 은유는 생각과 경험을 이해하고 다루는 데 있어서 우리를 인지적인 영역에서 정서적인 영역으로 옮겨 주는 역할을 하기도 한다. 은유는 인지와 정서의 양쪽 세계에 다 걸쳐 있어 감정의 영역 속에서 사고 과정을 촉진한다.

은유는 자신에 대해 내면적 성찰을 추구해 나가는 능력을 증진시킨다. 그래서 은유는 우리에게 새로운 방향을 지시할 뿐 아니라, 새로운 안목을 주기도 하고, 우리가 전에는 결코 가져 보지 못한 새로운 경험을 가져다주곤 한다. 은유는 낯설고 생소한 상황에서 우리에게 새로운 식견을 가져다주는 언어이다. 좋은 은유는 우리에게 평범한 세계를 특별한 방법으로 볼 수 있도록 안내해 준다. 은유적 이야기는 우리가 어떤 영감을 얻고 새로운 방향으로 나가게끔, 문을 열어 주고 준비시켜 준다.

상담에서 내담자가 지금까지 사용하던 역기능적 은유가 기능적 은유로 바뀌면, 내담자의 삶에 치료적 변화가 다양하고 폭넓게 나타나게 된다. 고기홍과 그의 동료들도 은유를 내담자가 자신과 세상에 관해 오랜 기간 갖고 있던 묵시적 믿음으로 보면서 은유를 적절하게 변화시키면 내담자의 감정과 사고뿐 아니라 더 나아가 그들의 정체성도 변화될 수 있다고 보았다(고기홍, 김경복, 양정국, p. 179). 그러므로 은유는 단순한 문학적 표현 수단이라기보다는 창의적인 사고방식의 틀과 수단으로 보아야 하며, 더 나아가 상담에서는 내담자의 닫힌 세계관을 깨뜨리는 치료적 수단으로 쓰일 수도 있다. 이처럼 은유는 사람들과 그들의 내면세계를 효과적으로 이해하고 그들의 문제와 갈등에 대처해 나갈 수 있는 근원적이면서도 강력한 도구이다.

내러티브 탐구의 절차

내러티브 탐구의 출발은 연구자로부터 비롯된다. 탐구의 현장에 들어간다는 것은 자신을 동반하는 것이며, 그 속에서 예비 내러티브를 만나는 것이다(Clandinin & Connelly, 2007, p. 134). 내러티브 탐구자는 3차원의 공간에서 연구하며 과거, 현재, 미래 속의 자신을 만나게 된다. 연구자는 자신의 경험, 즉 연구자 자신의 삶을 살아가기, 말하기, 다시 말하기, 다시 살아가기의 중심 역할을 인정해야 한다. 그러므로 연구에 들어가기에 앞서 연구자 자신의 내러티브를 구성하는 일은 매우 중요하다. 이러한 자서전적 내러티브 탐구 과정은 모든 내러티브 탐구의 출발점에서 수행된다. 그러나 내러티브 탐구는 재귀적이고 반성적인 방법론이므로, 연구자는 자신의 경험을 탐구 전, 수행하는 동안 그리고 이후에도 지속적으로 탐구할 필요가 있다(Clandinin, 2015, p. 79).

내러티브 탐구는 관계적 탐구이며, 현장에서 연구하고, 현장에서 현장 텍스트로 그리고 현장 텍스트에서 연구 텍스트로 움직이는 일련의 과정을 겪는다. 내러티브 탐구가 진행되는 구조 절차를 모형으로 정리해 보면 다음의 [그림 2]와 같다(안영미, 2007, p. 29).

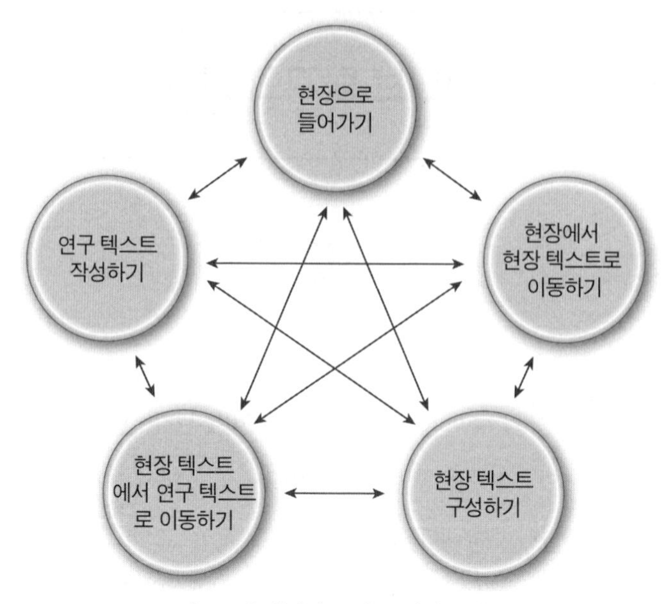

[그림 2] 내러티브 탐구 절차 모형

- 현장으로 들어가기(being in the field): 이야기 속으로 걸어 들어가기
- 현장에서 현장 텍스트로 이동하기(from field to field text): 이야기 장소에 존재하기
- 현장 텍스트 구성하기(composing field text)
- 현장 텍스트에서 연구 텍스트로 이동하기(from field text to research text): 경험에 대한 의미 구성하기
- 연구 텍스트 작성하기(composing research text)

클랜디닌과 코넬리는 탐구의 과정을 편의상 앞과 같이 다섯 단계로 나누어 설명하고 있지만, 이러한 단계들이 명확히 구분되는 것은 아니며 단계와 단계가 서로 겹치고 중복되기도 한다.

1. 현장으로 들어가기: 이야기 속으로 걸어 들어가기

내러티브 탐구의 현장이란, 이야기를 구성하는 상황, 사건, 행위 그 자체를 말한다. 내러티브 탐구의 첫 단계는 현장으로 들어가는 것이다. 연구자가 연구의 동기를 생각하고, 연구의 목적에 적합한 현장을 물색하고, 자료 수집에 들어가기 전에 현장을 방문하여 관계자나 연구 참여자들과 만나면서 현장에 익숙해지는 단계이다(염지숙, 2003, p. 126). 연구자가 연구의 목적에 맞는 참여자를 선정하는 일은 매우 중요하다. 연구자는 참여자들과 함께 자리를 잡고 살아가면서 연구한다. 그들이 직접적으로 보고 들은 것뿐만 아니라 간접적으로 관찰하고 경험한 것들이 내러티브 구조를 형성하게 된다. 연구자들이 연구 현장에 들어갈 때, 그들은 끊임없이 변화하는 전경에 대한 융통성과 개방성을 지니고 대화하고 협상하면서 이동과 변화를 경험한다(Clandinin & Connelly, 2007, p. 146).

내러티브 탐구에서 연구의 동기는, 대부분의 경우 연구자 개인의 관심과 전문 지식에서 나오게 된다. 그러므로 연구자는 자신의 인생에서 의미 있고 중요한 사건과 내용, 자신의 특정한 관심과 그 관심의 근원을 성찰하고 그것에 대한 자서전적인 경험을 내러티브 형식으로 써 보는 것으로 연구를 시작할 수 있다(염지숙, 2003, p. 127). **내러티브 탐구의 시작은 연구자의 자서전적인 내러티브에서 출발한다.** 대개 내러티브 탐구는 '나는 누구이고 상대방은 누구인가?'라는 정체성에 대한 질문에서 연구가 시작되며, 그다음은 3차원적인 질문을 통해 주제에 접근하여 학문적 토론과 답변을 끌어낸다.

내러티브의 근본적 특징은 한 개인의 성장 혹은 변화와 관련되어 있다(유기웅, 2012, p. 150). 따라서 내러티브 연구에 알맞은 주제는 한 개인의 삶에 전반적으로 나타난 사건이 그 사람에게 미친 영향과 그 의미이다. 아울러 시간적 연속성을 갖고 일어난 사건 또는 경험 속의 어떤 현상 또는 심리적 증상의 시간적 경과에 따른 단계적 과정에 대한 탐구 역시 내러티브 연구의 주제로 적합하다.

내러티브 탐구에서 현상을 생각할 때 우리는 다음과 같은 질문에 대한 대답을 고려한다(Clandinin & Connelly, 2007, p. 231). 당신의 내러티브 탐구는 무엇에 관한 것인가? 또는 내러티브 탐구자로서 당신에게 관심 있는 경험은 무엇인가? 이런 질문은 연구의 학문적 주제를 구체화하는 데 도움이 된다.

연구의 주제로서 적합한 내용은 학문적으로 알고 싶지만, 어렵고 복잡하여 도전을 주기도 하고 의욕을 불러일으키는 내용이어야 한다. 때로는 학계에서 서로 주장이 엇갈려 논란이 되거나 혼란을 불러일으키는 주제도 연구의 좋은 주제가 될 수 있다. 또 어떤 경우는 과거의 오래된 이론을 뒤집는 새로운 의견이나 주장이 제기되므로 이를 검토해 보는 작업으로 연구가 시작되기도 한다.

여기서 상담학의 관심은 무엇보다 상담의 구조화나 사례개념화와 연결시켜 볼 필요가 있다. 상담의 진행 과정에서 생기는 학문적 관심과 질문, 상담 현장에서 벌어지는 상담자나 내담자의 심리적 갈등, 상담 이론과 기법을 이해하고 적용하면서 생기는 기대와 결과의 차이, 내담자의 심리적 증상과 치유 과정에 대한 심층적 탐색 등은 연구의 주제를 정하는 데 있어 좋은 소재가 될 수 있다.

논문의 주제를 정하는 데 있어 이렇게 학문적인 개념에서 출발할 수도 있겠지만, 상담자 자신이 주로 맡고 있는 상담 업무나 활동, 주로 만나는 내담자들을 염두에 두고 연구의 주제를 생각해 볼 수도 있다. 즉, 상담의 적용 영역이나 전문 분야의 성격과 특성 또는 내담자들이 주로 속해 있는 연령 집단이나 삶의 발달 과제 등을 고려하여 연구의 주제를 정하는 방식이다. 또한 이와 같은 논문 주제들은 시간성과 공간성을 포함시켜 신중한 평가를 시도해야 한다. 즉, 현재 한국 사회에서 벌어지고 있는 시대적 배경과 사회적 상황을 충분히 고려하여 논문 주제의 적합성을 잘 따져 보아야 한다.

내러티브 탐구자는 연구를 위해 적절한 주제와 대상을 정한 후, 현장에 들어가기 전에 사려 깊게 생각해 보아야 하는 몇 가지 사항이 있다. 먼저, 연구자와 참여자가 어떤 관계를 유지할 것인가에 대한 협의가 필요하다. 연구자와 연구 참여자의 관계에 있어 이 단계는 매우 중요한 의미를 갖는데, 연구자가 연구 참여자와 어떤 관계를 유지할 것인가에 대한 협의, 연구 목적에 대한 협의, 언제 연구 현장을 떠날 것인가에 대한 협의, 참여자와 연구 현장에 어떤 방식으로 도움을 줄 수 있는가에 대한 협의 등을 중점적으로 다루어야 한다. 이런 문제들에 대한 협의는 연구의 전 과정을 통해 계속되며, 연구자 혼자만의 생각이 아니라 연구자와 참여자 간의 끊임없이 대화하는 과정에서 조정되거나 수정될 수 있다(염지숙, 2003, p. 127).

클랜디닌과 코넬리는 내러티브 탐구자가 내러티브에 동참하고 전경의 일부가 되기 위해서는 현장에 충분히 오랫동안 푹 빠져 있을 필요가 있고, 많은 사건과 경험을 파악하려고 노력할 것을 권했다(Clandinin & Connelly, 2007, p. 155). 내러티브 탐구는 이야기를 탐색하고 듣는 것 이상이므로 장기간 현장에 머물러야 한다. 이런 점에서 내러티브 탐구는 삶을 살아 있는 것으로 이해하려는 노력이다. 연구자의 주관적 경험과 사전 지식이 선입견이나 편견으로 작용하지 않아야 하며, 참여자 개인의 독특한 정체성과 경험이 사실적으로 드러나도록 해야 한다. 그러기 위해서는 현장 노트를 구체적으로 꾸준히 기록하는 태도가 요구된다고 할 수 있다.

이런 과정에서 내러티브 탐구는 철저히 자기노출을 전제로 하고 있기에 연구 시작 단계부터 끝까지 윤리적인 측면을 충분히 고려하고 유지하는 태도가 중요하다. 연구 참여자에게 연구의 목적을 분명히 설명하고 연구동의서를 받아야 하며, 제공된 자료는 연구 이외의 어떤 목적으로도 사용하지 않을 것을 서약해야 한다. 연구 참여자의 개인정보를 보호하기 위해 적절한 보호장치를 설정해야 하며, 현장 텍스트에 대한 참여자의 검열이 필수적이다.

2. 현장에서 현장 텍스트로 이동하기: 이야기의 장소에 존재하기

이 단계는 내러티브 탐구자가 현장에 들어가서 자료 수집을 하며 현장 텍스트를 쓰는 일을 생각하는 단계이다. 내러티브 탐구에서는 연구자에 의해 일방적으로 얻어지는 결과적인 산물로서 자료(data)라고 표현하기보다는 연구자와 참여자 간의 관계 속에 생성되는 과정적 산물로서 현장 텍스트라고 부른다(김병극, 2012, p. 13). 내러티브 탐구에서 연구자는 이야기를 '찾고 듣는 것' 이상의 일을 한다. 내러티브 탐구자는 현장 텍스트를 만들 때 대화 내용을 노트에 옮길 뿐 아니라 내러티브 표현에 해당하는 감정이나 행동의 표출이나 발생한 사건을 기록한다. 내러티브 탐구에서 탐구의 대상은 기본적으로 삶의 이야기이지만, 이는 어떤 특정한 이야기 외에 다양한 방식의 내러티브 표현을 포함한 현장 텍스트를 통해 얻어진다(김대현, 2006, p. 114).

내러티브 탐구자는 참여자의 경험을 기술하는 기록자로서 존재하는 것이 아니라 연구 중인 경험의 일부가 되어야 한다. 이를테면, 내러티브 탐구자는 단순히 구경꾼이 아니라 축제나 행사로 거리를 행진하는 행렬 속에 존재한다고 말할 수 있다. 따라서 내러티브 탐구자는 언제나 경험을 이야기하며, 경험 자체의 일부가 되는 이중성을 갖는다(Clandinin & Connelly, 2007, p. 162).

사람의 기억은 개략적인 전경의 윤곽을 제공하지만, 상세한 것은 제거하는 경향이 있다. 전경의 풍부함과 복잡성, 미묘한 차이를 놓치지 않기 위해서는 현장 노트의 도움이 필요하다. 한 개인이 특정 시점에서 구성한 현장 텍스트는 언제나 해석적 특성을 지닌다. 이때 선택하는 가치관에 따라 내러티브 진실과 내러티브 상대주의의 충돌을 경험한다. 경험의 차이에 따라 진실의 기준이 달라진다고 주장하는 상대주의 입장을 취할 때, 경험과 의미 사이의 긴장이 사라지기 때문에 내러티브적 속성을 잃기 쉽다(Clandinin & Connelly, 2007, p. 169). 한 사건에 대해 다양한 해석이 가능하지만, 모든 해석이 타당할 수 있다는 상대주의의 입장을 취할 경우 경험에서 분리된 의미도 수용할 위험이 있다. 따라서 내러티브 탐구자에게는 경험에 근거한 내러티브의 의미를 놓치지 않으려는 긴장이 따르게 된다. 내러티브 탐구는 단순한 상대주의를 벗어나 경험에 근거한 보편적 의미를 추구한다.

연구 참여자가 그들의 경험을 이야기할 때, 연구자와 참여자는 바로 삶의 이야기를 통해 서로 연결되며 삶의 어떤 주제를 함께 탐구하기 위한 특별한 인간관계를 형성해 나가게 된다. 우선 연구자는 현장에서 연구 현장에 얼마만큼 깊이 참여할 것인가에 대한 고민을 하게 된다. 이때 연구자가 참여자의 경험에 완전히 빠져들지 못하면 탐구 중인 경험세계를 진정으로 이해하지 못하게 되고, 반면에 완전히 몰입하여 참여자와 동일시되면 객관성을 상실하는 딜레마가 존재한다.

이러한 딜레마는 내러티브 탐구자라면 누구나 불가피하게 갖게 되는데, 그 이유는 내러티브 탐구가 관계적인 성격을 갖고 있기 때문이다(염지숙, 2003, p. 127). 그래서 클랜디닌과 코넬리는 관계적 속성을 갖는 내러티브 탐구에 완전히 개입하기와 거리두기를 반복하는 적절한 긴장이 필요하다고 하였다. 연구자는 참여자와 '사랑에 빠져야만' 하지만, 또한 '냉담한 관찰자'가 되어 연구자와 참여자가 함께 존재하고 있는 더 커다란 전경을 바라보아야 한다(Clandinin & Connelly, 2007, p. 163). 이런 문제는 인간의 경험에 대한 이해와 해석에서 연구자 본인과 연구 대상인 참여자의 관점의 차이로 인해 발생하게 되는데, 이것을 주체와 객체의 시각 차이로 인한 긴장과 갈등이라고 볼 수 있다.

한편, 연구의 주제인 어떤 상황이나 현상에 대해 미시적인 입장을 중요하게 여기며 연구를 진행하느냐, 또는 거시적인 입장을 더 강조해 주느냐의 문제로도 이해할 수 있다. 이런 양면성의 긴장을 고민할 수 있겠지만, 결국 연구자의 과제는 시간이 지날수록 이런 상반되는 모순이나 갈등을 어떻게 균형 잡힌 현실의 모습으로 통합해 나갈지에 초점을 맞추게 된다. 즉, 처음에는 나 자신의 고유한 경험의 제한된 시각에서 시작하지만, 다른 사람들의 경험을 이해하고 수용하면서 연구 관심사인 삶의 어떤 주제를 새롭게 확장된 시각에서 이해하게 되고, 이렇게 수집된 자료를 다시 체계적으로 정리하고 분석하여 연구자 자신의 독창적이거나 발전된 지식체계로 발표한다.

내러티브 탐구자는 실존 현장과 현장에 대한 내적 반응을 기록한 이중적 현장 텍스트를 구성해야 한다. 즉, 참여자들의 경험과 아울러 그들이 연구 속에서 경험하는 내용을 기록할 뿐 아니라 현장 경험의 일부인 자신과 그런 경험을 겪는 자신을 성찰하는 기록을 해야 한다(Clandinin & Connelly, 2007, pp. 170–173). 실존적인 외부 사건을 기록한 것이 현장 노트이고, 경험에 대한 내적 반응을 기록한 것이 관찰 일지이다. 이런 두 종류의 현장 텍스트를 수집하기 위해 내러티브 탐구자는 외부 관찰하기와 내부로 돌아오기를 반복해야 한다. 내러티브 탐구는 경험의 개방성을 최대한 포착하는 것으로, 3차원적 내러티브 탐구 공간을 염두에 두고 시간적 · 공간적 위치와 개인적 · 사회적 차원의 연속선상에서 이루어져야 한다(Clandinin & Connelly, 2007, p. 178).

3. 현장 텍스트 구성하기

내러티브 탐구에서 데이터로 간주되는 현장 텍스트는 연구 경험의 객관적 표상이므로 이를 구성하는 것은 해석 과정에 해당한다. 내러티브 탐구는 관계적 속성 때문에 주로 비구조화된 면담을 한다. 그럼에도 불구하고 연구자는 현장 경험을 선별적으로 재구성하므로 모든 현장 텍스트는 어쩔 수 없이 해석적 텍스트가 된다. 이때 현장 텍스트의 기록은 연구자와 연구 참여자의 관계를 반영하여 이야기뿐만 아니라 이야기의 의미도 구성한다. 현장 텍스트는 궁극적으로 연구 텍스트의 인식론적 위치에 영향을 미치므로, 3차원적 내러티브 탐구 공간의 관점에서 맥락적 재구성에 대한 신중한 자리매김이 필요하다.

현장 텍스트를 구성한다는 것은 흔히 자료를 수집한다는 것과 같은 의미로 사용할 수 있다. 내러티브 탐구에서 사용되는 현장 텍스트로는 참여자 이야기 또는 현장 노트, 자서전적 글쓰기, 저널 쓰기 또는 연구 일지, 편지, 대화 또는 면담 기록, 문서나 서류(참여자가 보관한 상담 자료, 상담실습지, 심리검사 해석 등), 사진(참여자의 어린 시절 사진, 가족 사진, 친구 사진, 자신이 가장 좋아하는 사진 등) 등이 있다. 여기서 주로 통계자료를 분석하는 양적 연구와 내러티브 탐구와 같은 질적 연구의 자료수집 방식을 비교해 보면, 양적 연구가 다수의 조사 대상에 대해 엷고 넓은 자료수집 방식을 취하는 반면, 질적 연구는 많은 건수의 다양한 조사 항목을 적은 수의 대상을 통해 깊고 좁은 방식으로 파악하는 특징이 있다.

1) 자료수집 방법

내러티브를 어떻게 이해하는지에 따라서 내러티브 연구 과정 중에 수집해야 할 자료가 결정된다. 내러티브를 연구 참여자가 말하는 이야기라고 한정할 경우, 연구자는 연구 참여자의 인생에서 중요한 사건에 대해 자연스럽게 이야기하도록 할 수 있다. 하지만 내러티브를 사건에 대한 이야기가 아닌 연구 참여자의 인생 전체에 대한 해석이라고 확대할 경우, 연구자는 연구 참여자의 이야기 이외에 다양한 자료를 수집해야 한다. 내러티브를 어떻게 정의하든지 간에 대부분의 내러티브 연구에서 주로 수집되는 자료는 인터뷰 중에 연구 참여자에 의해 구술된 이야기이다.

참여자들은 어떤 이론에 기초해 자신의 이야기를 말하는 것이 아니기 때문에 연구자에게 이야기하는 삶의 이야기 자체는 비이론적이다. 개인으로서의 우리는 세계를 이론적 렌즈를 통해 과학자처럼 경험하는 것이 아니라 자신의 고유한 표현 방식으로 자신이 겪은 경험에 의미를 부여하는 것이다. 우리는 자신의 삶을 과학적 실험이나 연구 프로젝트처럼 엄격하게 접근하며 이해해 나가는 것이 아니라 우리의 경험이 우리에게 의미하는 것에 대한 내적 반응에 기초해 우리의 경험을 주관적으로 이해하고 해석한다. 개인적 삶은 그들 자신의 의미를 담고 있으며, 이 의미를 생성하는 것을 돕는 것이 면접의 목적이다. 그러므로 내러티브 방식의 면접은 구체적인 이론에 의해서보다는, 먼저 그 이야기 자체를 끌어내는 데 도움이 되는 질문에 의해 인도된다(Clandinin, 2011, p. 310).

인터뷰를 통해서 다음과 같이 몇 가지 방식으로 이야기를 수집할 수 있다.

첫째, 연구자가 참여자에게 개인의 생애사 또는 성장 과정에 기반을 둔 질문을 하면서 이야기를 수집할 수 있다. 둘째, 연구자가 참여자에게 중요한 의미를 갖는 구체적인 사건이나 경험을 이야기하도록 요청할 수 있다. 셋째, 연구의 주제와 관련되어 학문적으로 정리한 질문을 사용하여 참여자의 경험을 심층적으로 이야기해 보도록 할 수 있다.

연구자는 현장에서 작성한 메모와 녹음 파일을 들으며 작성한 현장 노트, 연구 일지 그리고 참여자들에게 받은 사진과 개인적인 소장품, 그 밖에 연구자 본인이 연구 주제와 관련된 영화를 본 뒤의 감상문, 관심 분야의 스크랩 등을 연구에 사용할 수 있다. 구체적인 자료수집 유형을 살펴보면 다음과 같다.

① 현장 노트

연구자가 현장에서 보낸 시간을 채우는 내용과 아울러 행동이나 태도 등에 관한 기록이다. 연구 참여자의 반응이나 표정, 감정 표현도 현장 텍스트를 구성하는 주요한 요소가 된다. 인터뷰 내용, 참여관찰 일지, 비형식적인 대화, 연구 일지, 형식적 · 비형식적 문서, 사진 등의 '기억 상자'들은 내러티브 탐구에서 현장 텍스트를 구성하는 자료가 된다. 연구자는 연구 현장에서 가능한 한 풍부한 정보를 수집해야 하며, 참여자와 이야기하고 그것을 공유하는 과정을 통해 현장에서 일어난 일들을 재구성하게 된다.

② 연구 일지

연구 일지를 쓰는 것은 연구자가 현장에서 관찰을 마치고 집에 돌아와 조용히 앉아서 자신의 생각과 느낌을 정리하는 것이다. 이를 통해 우리는 자신의 경험을 검토하고 새로운 관점을 얻고, 경험 자체를 학문적으로 분석할 수 있다. 연구 도중 연구자는 현장 관찰, 면담, 관찰 일지 쓰기 등으로 연구에 대해 누군가와 깊이 있는 대화를 나누기 어렵다. 이러한 상황에서 반성적 일지를 쓰는 것은 자신의 관찰과 생각을 확장할 수 있는 기회가 될 수 있다.

③ 녹음 파일과 동영상 자료

스마트폰의 음성 녹음 기능의 사용은 연구자로 하여금 기록해야 한다는 부담감 없이 자유롭게 대화에 참여할 수 있도록 한다. 면담 시 연구 참여자들과의 대화에 깊이 참여하다 보면 연구에 중요한 자료가 되는 참여자들의 목소리를 놓치는 경우가 종종 있다. 이럴 때 면담 내용을 녹음해 놓고 면담이 끝난 후 다시 들으면서 현장 노트를 작성하는 것이 좋은 방안이다. 더구나 과거에 연구 참여자들과의 면담 내용 전체를 녹취하여 전사하는 것은 많은 시간이 걸리는 힘든 일이었으나, 지금은 스마트폰의 텍스트 변환 기능을 사용하여 음성 녹음 파일을 문서 파일로 변경하는 것이 가능해져 시간을 절약할 수 있게 되었다.

녹음 파일 외에도 요즘은 스마트폰의 동영상 촬영 기능이 들어 있고 성능이 좋아졌기 때문에 필요하다면 동영상 자료를 확보해 두는 것이 좋을 수 있다. 참여자의 얼굴 표정이나 비언어적 의사소통 방식과 면담 시의 주변 분위기 등을 추가로 관찰하고 정리해 놓을 수 있어 나중에 자료분석을 할 때 더 많은 정보를 갖고 깊이 있고 풍부한 내용을 작성해 나갈 수 있다. 이렇게 단지 면접 내용에 대한 음성 녹음뿐 아니라 현장 방문 시 참여자에게 미리 사전에 자세히 설명하여 허락을 받아 놓고, 현장의 중요하거나 특이한 모습은 사진을 찍어 두거나 면담 내용을 동영상으로 촬영해 두는 것은 논문 작성의 충분한 자료 확보를 위해 매우 유익하며, 때로는 연구 주제에 따라 필요한 경우도 발생할 수 있다.

④ 가정사

세대에 걸쳐 내려오는 가족에 관한 이야기를 의미한다. 연구 참여자의 가정사(family history)는 그의 존재론적이고 내적인 조건을 알려 주는 중요한 자원이 된다. 논문의 연구 주제가 가족관계를 탐색해 보는 것이 필요한 경우라면, 참여자에게 가계도를 그려 보도록 하고 관련된 질문을 해 보는 것도 참여자의 가족 배경을 이해하는 데 큰 도움이 될 수 있다.

⑤ 기억 상자

기억 상자(memory box)란, 중요한 인물이나 사건에 대한 기억을 불러일으키게 해 주는 물건 또는 개인 소장품을 은유적으로 표현한 것이다. 때로는 개인이 수집하는 기념품이나 예술품 등도 개인의 정체성이나 심리적 욕구나 동기를 상징적으로 표현해 주는 수단이 되기도 한다.

⑥ 스크랩 자료

대상자가 보여 주는 편지나 관심 사안을 모아 놓은 스크랩북은 연구 참여자들의 경험적 맥락을 이해하는 데 도움을 준다. 이러한 문서에 나타난 관점에 입각해서 현장 텍스트를 검토했을 때 실제 진술문과 우리가 하는 해석에는 차이가 있음을 발견할 수 있다.

4. 현장 텍스트에서 연구 텍스트로 이동하기: 경험에 대한 의미 만들기

내러티브 탐구에서 가장 중심 과정에 있는 이행 단계가 현장 텍스트에서 연구 텍스트로 이동하는 단계이다. 이 단계에서 연구자는 연구의 방법으로 왜 내러티브를 선택했는가에 대한 정당성을 다시 확인할 필요가 있다. 연구자는 현장 텍스트를 읽고 또 읽는 과정을 겪으면서 탐구의 대상, 즉 현상은 무엇이며, 어떤 방법으로 나아갈지를 분명히 해야 하기 때문이다.

현상에 대해 이야기할 때 내러티브 탐구자들은 자신의 내러티브 탐구가 무엇에 관한 것인지 그리고 내러티브 탐구자로서 자신에게 관심 있는 경험이 무엇인지에 대해 생각해 보아야 한다. 현상은 계속 이동하고 변하므로 연구를 시작할 때의 연구 문제는 시간이 지나고 연구가 진행됨에 따라 변할 수 있기 때문이다. 이를테면, 연구가 완성되었을 때의 연구에 대한 관심은 연구를 처음 시작할 때의 연구 관심과 많이 다를 수도 있다. 내러티브 탐구는 탐색이라는 감각과 '다시-탐색한다(re-search)'는 감각을 갖는 것으로서 문제 정의와 해결보다는 탐구의 지속적인 재형성을 강조한다(Clandinin & Connelly, 2007, p. 231).

내러티브 탐구의 다른 참고문헌에서 이론적 설명 부분을 읽어 보면, 현장 텍스트와 연구 텍스트가 각기 그 내용의 작성 목적과 성격에서 명확하게 구분되지 않고 혼용하여 각 용어를 쓰는 경우를 보게 된다. 이렇게 각기 들어갈 내용의 경계가 명확하게 설정되어 있지 않다면, 연구자의 학문적 작업이 논리적으로 연결되고 전개되지 않을 수도 있고, 내용의 불필요한 중복이 생기기도 한다. 읽는 독자도 내용을 읽고 이해하는 데 오해와 혼선이 생겨 불편을 겪을 수가 있다.

필자의 의견으로는 학위논문을 작성할 때, 제1장은 서론, 제2장은 학문적 배경으로 논문 주제에 관해 체계적으로 정리된 선행 연구를 고찰하고, 제3장이 현장 텍스트 그리고 제4장이 연구 텍스트, 마지막 제5장은 결론으로 논문을 마무리하는 것이 적합한 순서와 전개라고 본다. 여기서 제3장은 연구자가 참여자와 면담한 내용을 토대로 참여자들을 한 명씩 인물별로 다룬다. 연구의 관심사가 되는 참여자가 겪은 삶의 경험 이야기 중에 연구의 초점이 될 만한 핵심 이야기를 코딩하여 충분한 분량의 내용을 정리하고, 시간적 과정 속에서 직접 인용문 형식으로 소개한다. 현장 텍스트를 작성하면서 참여자의 내러티브를 인용할 때는 본문보다 작은 포인트로 들여쓰기를 함으로써 연구자의 의견이나 설명과 구분될 수 있도록 한다.

제3장의 현장 텍스트와 달리 제4장의 연구 텍스트는 앞의 장처럼 또다시 인물별 정리와 분석을 하기보다는 연구의 논지와 연구 질문에 맞춰 주제별로 연구자 자신이 학문적 입장에서 답변을 하고, 연구 주제에 관한 심층 분석을 하여 장별로 들어가는 내용을 다르게 정리하는 것이 좋겠다. 즉, 현장 텍스트인 제3장은 현장의 이야기 또는 참여자의 이야기에 대한 자료 수집과 정리에 중점을 두고, 제4장은 연구자의 학문적 관점에서 본격적인 질적 분석 작업에 들어가는 것으로 구분한다. 현장 텍스트는 참여자의 객체로서의 경험을 강조하고, 연구 텍스트는 연구자가 주체로서 자신이 선택한 연구 주제에 관해 자신의 전공 분야의 학문적 체계와 틀로 분석하면서 새롭게 재구성한 내용을

내놓는 데 주력해야 한다.

클랜디닌과 코넬리는 현장 텍스트에서 연구 텍스트로 이행할 때 이론적, 실천적, 해석적 또는 분석적 측면에서 다음과 같은 세 가지 사항을 고려할 것을 제안한다(Clandinin & Connelly, 2007, pp. 235-242).

- 이론적 측면: 내러티브 탐구 방법을 현상학이나 근거 이론 등의 다른 질적 연구와 유사한 구조의 틀 안에서 접근하려는 시도를 내려놓아야 한다. 내러티브 탐구에서는 다른 질적 연구의 틀 안에서 내러티브 탐구를 정의 내리려 하거나 양적 연구에서처럼 여러 이론과 방식을 열거하기보다는 경험의 현상에 대한 탐구로 시작한다.
- 실천적 측면: 실제적인 현장 텍스트와 관련된 문제이다. 연구자는 참여자와의 친밀한 관계 유지를 옆으로 제쳐 놓고, 현장 텍스트를 읽고 다시 읽는 일과 연구 텍스트를 구성하기 시작하는 일에 본격적으로 초점을 두어야 한다. 이것은 참여자와의 관계가 소원해지는 것을 의미하는 것이 아니라 연구자의 관심이 현장 텍스트를 통해 참여자의 이야기를 그대로 전달하는 것에서 연구 텍스트를 통해 참여자의 이야기를 다시 이야기하는 것으로 옮겨 가야 함을 의미한다.
- 해석적 또는 분석적 측면: 내러티브 탐구에서 해석은 현장 노트, 참여자 이야기 등과 같은 현장 텍스트의 의미가 무엇인가를 생각해 보는 일이다. 연구자는 현장 텍스트를 계속 반복해서 읽으며 그 속에 들어 있는 내러티브 줄거리와 패턴, 긴장과 갈등 등을 개인의 경험과 사회적 상황과 연결시켜 찾아낸다. 이때

연구자는 자신의 과거와 현재의 경험에 비추어 또는 다른 연구나 이론과 비교하며 현장 텍스트를 읽는 과정에서 연구 텍스트를 구성하게 된다(염지숙, 2003, p. 130).

5. 연구 텍스트 구성하기

복잡성을 띄고 있는 수많은 현장 텍스트에서 다시 살아가는 이야기를 찾아내는 것이 연구 텍스트의 작성 단계이다. 클랜디닌은 '산산조각 난 거울'이라는 은유를 사용하여 이 단계에서 연구자가 기울여야 할 관심에 대해 말했다. 즉, 산산조각 난 거울처럼 흩어져 있는 삶의 복잡성에 유의하며, 각 파편의 특별함을 찾아 주의를 기울이면서 풍부한 상상력과 내러티브를 일관성 있게 찾아가야 한다는 것이다(Clandinin, 2015, p. 289).

내러티브 탐구자는 현장과 현장 텍스트에 대한 충분한 주의와 함께 연구의 사회적 · 개인적 영향에 대해 고려하면서 연구 텍스트를 구성해야 한다. 연구자가 자신의 흥미와 동기에만 초점을 두는 텍스트를 쓰게 될 경우 연구 참여자의 목소리를 잃을 수 있다. 연구자는 풍부한 현장 텍스트들을 포괄적인 내러티브 텍스트로 만들기 위해 선별과 조합을 한다. 즉, 3차원적 내러티브 공간 안에서 '왕복 운동'을 반복하고 탐구 공간 내에 경험을 배치하면서 텍스트를 기술하는 것이다(Clandinin & Connelly, 2007, pp. 254-255). 왕복 운동이란, 하나의 장을 쓴 후에 이를 검토해 주는 반응 그룹과 공유하여 검토받고 수정하는 것을 반복하며, 다른 장들과 대조하여 마지막으로 전체적인 통일성을 이룰 때까지 검토와 수정을 반복하는 것을 말한다.

내러티브 탐구자는 연구 텍스트를 기술할 때 형식주의적이고 환원주의적인 경계선상에서 내러티브하게 사고하는 긴장을 경험한다. 연구자에게는 이야기된 삶을 포괄적 범주로 상향시켜 형식적인 범주의 사례로 현장 텍스트를 만들려는 충동이 인다. 즉, 연구 참여자의 경험을 개인적 차원에서 있는 그대로 접근하기보다는 그 경험을 어떤 범주의 사례로 삼고자 하는 충동이 생길 수 있다. 예를 들면, 직장생활에 어려움을 겪는 여성의 경험을 연구할 때, 성차별이나 직장 내 괴롭힘 등의 범주로 과장되게 쓰려는 충동과 그들을 그러한 경험의 대표자로 기술하려는 충동을 갖게 되는 것을 의미한다. 반면에 연구 참여자의 경험으로 일반화된 이론을 만들고자 주제 쪽으로 하향하는 환원주의적 갈등도 일어난다. 그러나 이야기된 방식 그대로 그들의 이야기된 삶을 드러내는 형식을 발견하는 것이 중요하다.

내러티브 탐구는 과거에는 어떠했고, 현재는 어떠하며, 미래는 어떻게 될 것이라는 시간적 요소를 가진 텍스트이다. 연구 텍스트는 추상적이지 않은 실제적인 내러티브 역사의 맥락 안에서 써야 한다. 연구자가 연구 참여자와 함께 말한 이야기를 살아 있도록 표현하기 위해 관심을 두어야 할 사항은 다음과 같다.

1) 목소리

내러티브 탐구에서 연구자와 참여자가 모두 자신의 목소리(voice)를 또렷이 이야기할 수 있는 관계를 구축해 가는 것은 중요한 문제이다. 연구자는 연구 텍스트에서 자신의 목소리와 참여자의 목소리가 균형을 유지하도록 노력해야 한다. 연구자로서 '나'를 얼마만큼 드러낼 것인가, 즉 지나치게 '나'의 주관에 치우치지도 말아야 하며 반대로 참여자에게 끌려다니지도 말아야 한다.

연구자와 연구 참여자 모두에게 목소리의 다중성이 인정되어야 한다. 그들 모두 다양한 이야기를 하고 다층적인 삶을 살아감에도 불구하고 단층적인 목소리를 가진 존재로 표현되지 않도록 연구자가 주의를 기울일 필요가 있다(염지숙, 2003, p. 130). 살아 있는 존재의 다중성을 포착하려면, 들리는 목소리뿐 아니라 비언어적 신체 표현이나 음성이 아닌 글이나 그림으로 표현된 자료와 같이 들리지 않는 목소리도 고려해야 한다.

때로는 이야기한 것과 그렇지 않은 것 사이의 긴장이 개방된 공간과 숨겨진 공간 사이에서의 이야기 간극에 의해 커질 수 있다(Schweitzer & Knudson, 2013, p. 135). 이는 현실세계에서 경험한 이야기가 아닌 상상이나 환상에 의해 경험한 이야기도 삶에 큰 의미를 지니고 한 인간의 삶에 중요한 영향을 미칠 수가 있기 때문이다.

목소리는, 좁게는 연구자와 참여자라 할 수 있다. 넓게는 연구 텍스트에 등장하는 인물들과 연구자와 관련이 있는 여러 인물과 다른 연구자까지 포함될 수 있으며, 청중의 목소리도 포함된다(Clandinin & Connelly, 2007, p. 266). 특히 연구 참여자는 연구 주제에 관한 풍부한 이야기를 가진 만큼 다양한 목소리가 존재하므로 연구자는 민감성을 갖고 연구에 임해야 한다. 연구에서 목소리는 참여자의 단일 목소리로 전달되지만, 실은 부모님, 학교 선생님, 형제자매, 이웃 사촌, 직장 동료 등의 다양한 목소리가 한데 섞여 전달된다. 참여자의 고유한 이야기를 전달하기보다는 관계 형성 속에 연결되었던 타인들의 목소리가 추가되어 행복하거나 즐거움이 깃들 수 있지만, 타인들의 목소리를 배제하기 위한 분노나 슬픔, 후회와 안타까움이 깃든 목소리도 들을 수 있을 것이다. 더구나 연구자가 어떤 목소리를 취하는가에 따라 중요한 부분들이 생략되고, 참여자의 목소리 위에 연구자의 목소리가 더 크게 입혀질 수 있는 위험성도 충분히 고려되어야 한다. 어쩌면 연구자나 참여자가 쏟아 낸 말은 아무런 의미 없는 것일 수도 있다. 그 안에서 의미를 찾아간다는 것이 적절하지 않을 수 있으며 꾸며 낸 이야기로 독자를 현혹할 수도 있기에 때로는 신중한 접근이 필요하다.

2) 서명

서명(signature)은 목소리와 밀접한 관련이 있다. 연구 텍스트에 어떤 방식으로 얼마만큼 연구자로서의 '나'를 나타내 보일 것인가에 대한 문제이다. 서명을 너무 세게 하여 '나'를 너무 많이 드러낼 때 연구 텍스트가 지나치게 주관적으로 흐를 수 있고, 그 반대의 경우는 너무 참여자의 관점에서 작성될 수 있다(염지숙, 2003, p. 131). 연구자는 연구 참여자를 드러내는 동시에 저자로서 자신의 정체성을 드러낼 수 있어야 한다.

3) 독자(청중)

내러티브 탐구자는 연구를 시작할 때, 연구물을 읽을 독자(audience)가 누구인지에 대해 생각해 볼 것이다. 그러나 연구 텍스트를 쓰는 시점에서 다시 한번 이 문제에 대해 생각해 보면서 독자들에게 이 연구가 어떤 가치가 있을 것인가를 고려하며 연구 텍스트를 구성해야 한다(염지숙, 2003, p. 131).

탐구의 의미는 연구자와 연구 참여자만의 공유로 그치는 것이 아니라 독자 또는 청중까지 포함하는 것이다. 독자를 의식하는 것은 연구 텍스트를 기술할 때 갖는 긴장임과 동시에 균형을 유지하고자 하는 시도이기도 하다. 연구 텍스트를 쓰는 연구자는 지속적으로 목소리, 서명, 독자(청중) 간의 균형을 유지해야 한다.

4) 내러티브 형식

클랜디닌은 내러티브 탐구의 연구 텍스트에 대해 매우 복합적이고 유동적인 토대를 갖는 모호한 형태의 '거대한 장치'라고 표현하였다(Clandinin & Connelly, 2007, p. 277). 내러티브 형식의 측면에서 다양하고도 의도적인 실험이 이루어지고 있기 때문이다. 내러티브 형식이 내러티브, 설명 또는 기술, 주장의 세 가지 텍스트의 형태가 서로 다른 비중으로 섞여 있다는 의미에서 '스프'라는 은유가 사용되기도 한다(Clandinin & Connelly, 2007, p. 278). 형식주의적이고 환원주의적인 연구 형식에서 벗어나 자신만의 탐구 과정을 만들기 위한 노력이 필요하며, 이를 위해 은유의 사용은 효과적이다. 내러티브 탐구자는 다양한 종류의 텍스트를 광범위하게 읽으며 새로운 형식을 지속적으로 실험해 가야 한다. 또한 반응 그룹을 만들어 텍스트를 공유하며 검토하는 과정을 가짐으로써 자기애적인 덫칠을 벗겨 내야 한다. 하나의 장을 쓴 후에는 검토와 수정을 거친 후 다른 장과 대조하며 통일성을 찾아가는 '왕복 운동'을 지속적으로 해야 한다.

연구 텍스트를 구성하고 자료를 분석하는 과정 속에서 염지숙은 다음과 같이 자신의 작업을 소개하였다(염지숙, 2013, p. 142).

> 자료분석은 내러티브 탐구에서 현장 관찰 일지에 해당하는 '현장 텍스트', 대화 전사 내용, 연구 일지 등의 수집된 자료를 반복해 읽으며 연구 문제와 관련된 중요한 낱말, 어구, 문장을 뽑아내는 것에서 시작되었다. 이렇게 추출해 낸 낱말, 어구, 문장을 유사한 내용끼리 묶어 범주화시키고, 그 범주들로부터 주제어를 뽑아 그것을 재구성하는 작업을 수차례에 걸쳐 수행하였다. 그러나 이 연구에서는 주제들을 분절시켜서 작은 단위로 나누기보다 맥락을 중요시하면서 연구 문제에 대한 답을 종합적으로 구성하고 이를 바탕으로 하는 연구 텍스트를 작성하였다. 따라서 다른 질적 연구와 달리 연구 결과를 소주제별로 나누어 제시하기보다는 참여자의 경험과 그들에게 일어난 일들을 시간의 흐름, 인간관계, 장소의 변화에 따라 진행하는 과정으로 보며 '3차원적 내러티브 탐구 공간'에서 연구 텍스트를 구성하고자 노력하였다.

6. 내러티브 탐구에서의 문제

내러티브 탐구의 전 과정에서 연구자들이 주의해야 할 문제들을 다루고자 한다.

1) 윤리적 문제

클랜디닌은 내러티브 탐구를 일컬어 심오한 윤리적 프로젝트라고 말하였다(Clandinin, 2015, p. 46). 내러티브 탐구가 윤리적인 것에서 분리될 수 없다는 의미이다. 특히 돌봄의 윤리에 기반을 둔 관계적 윤리야말로 내러티브 탐구의 시작이자 탐구 전반에 걸쳐 견지해야 할 주요한 태도임을 역설하였다. 다른 사람들과 세계와의 관계에서 어떻게 살아야 하는지를 묻고 그 답을 함께 찾아가는 사회적 책임이 요구되는 것이다. 그러므로 윤리적 문제는 연구 계획 단계에서 연구 승인을 받을 때 일회적으로 처리하는 통과의례적 문제는 결코 아니다. 연구의 설계 단계부터 마무리할 때까지 전 과정 내내 인식하고 적용해야 하는 연구자의 주요 책임사항이다. 연구가 진행됨에 따라 윤리적인 문제들은 변화하거나 새롭게 등장하기도 한다. 따라서 연구자는 연구의 모든 단계에서 연구 참여자들을 보호해야 한다는 분명한 책임의식을 갖고 있어야 한다.

인간을 대상으로 하는 연구에서 반드시 준수해야 할 것은 「생명윤리 및 안전에 관한 법률」이다. 이 법률은 2004년 제정 당시에는 배아 및 유전자 등에 관한 생명과학기술 분야에 한정되었지만, 2013년부터는 그 영역을 확대하여 인간 및 인체유래물에 관한 연구에도 적용하게 되었다. 따라서 2014년부터 우리나라의 각 교육기관과 연구기관에 의무적으로 기관생명윤리위원회(IRB)가 설치되고, 인간을 대상으로 연구할 때는 반드시 심의를 받게 되었다. 그러므로 연구를 시작하기 전에 IRB의 심의 승인을 받았음을 표기하는 것이 좋다. 이 법령에서 주목할 만한 내용은 다음과 같다.

생명윤리 및 안전에 관한 법률

제1장 총칙

제1조(목적)

이 법은 인간과 인체유래물 등을 연구하거나, 배아나 유전자 등을 취급할 때 인간의 존엄과 가치를 침해하거나 인체에 위해(危害)를 끼치는 것을 방지함으로써 생명윤리 및 안전을 확보하고 국민의 건강과 삶의 질 향상에 이바지함을 목적으로 한다.

제3조(기본 원칙)

① 이 법에서 규율하는 행위들은 인간의 존엄과 가치를 침해하는 방식으로 하여서는 아니 되며, 연구 대상자 등의 인권과 복지는 우선적으로 고려되어야 한다.
② 연구 대상자 등의 자율성은 존중되어야 하며, 연구 대상자 등의 자발적인 동의는 충분한 정보에 근거하여야 한다.
③ 연구 대상자 등의 사생활은 보호되어야 하며, 사생활을 침해할 수 있는 개인정보는 당사자가 동의하거나 법률에 특별한 규정이 있는 경우를 제외하고는 비밀로서 보호되어야 한다.
④ 연구 대상자 등의 안전은 충분히 고려되어야 하며, 위험은 최소화되어야 한다.
⑤ 취약한 환경에 있는 개인이나 집단은 특별히 보호되어야 한다.
⑥ 생명윤리와 안전을 확보하기 위하여 필요한 국제 협력을 모색하여야 하고, 보편적인 국제 기준을 수용하기 위하여 노력하여야 한다.

제3장 인간대상 연구 및 연구 대상자 보호

제15조(인간대상 연구의 심의)

① 인간대상 연구를 하려는 자는 인간대상 연구를 하기 전에 연구계

획서를 작성하여 기관위원회의 심의를 받아야 한다.

② 제1항에도 불구하고 연구 대상자 및 공공에 미치는 위험이 미미한 경우로서 국가위원회의 심의를 거쳐 보건복지부령으로 정한 기준에 맞는 연구는 기관위원회의 심의를 면제할 수 있다.

제16조(인간대상 연구의 동의)

① 인간대상 연구자는 인간대상 연구를 하기 전에 연구 대상자로부터 다음 각 호의 사항이 포함된 서면동의(전자문서를 포함한다. 이하 같다)를 받아야 한다.

1. 인간대상 연구의 목적
2. 연구 대상자의 참여 기간, 절차 및 방법
3. 연구 대상자에게 예상되는 위험 및 이득
4. 개인정보 보호에 관한 사항
5. 연구 참여에 따른 손실에 대한 보상
6. 개인정보 제공에 관한 사항
7. 동의의 철회에 관한 사항
8. 그 밖에 기관위원회가 필요하다고 인정하는 사항

제17조(연구 대상자에 대한 안전 대책)

① 인간대상 연구자는 사전에 연구 및 연구 환경이 연구 대상자에게 미칠 신체적 · 정신적 영향을 평가하고 안전 대책을 마련하여야 하며, 수행 중인 연구가 개인 및 사회에 중대한 해악(害惡)을 초래할 가능성이 있을 때에는 이를 즉시 소속 기관의 장에게 보고하고 적절한 조치를 하여야 한다.

② 인간대상 연구자는 질병의 진단이나 치료, 예방과 관련된 연구에

서 연구 대상자에게 의학적으로 필요한 치료를 지연하거나 진단 및 예방의 기회를 박탈하여서는 아니 된다.

제18조(개인정보의 제공)

① 인간대상 연구자는 제16조 제1항에 따라 연구 대상자로부터 개인정보를 제공하는 것에 대하여 서면동의를 받은 경우에는 기관위원회의 심의를 거쳐 개인정보를 제3자에게 제공할 수 있다.

② 인간대상 연구자가 제1항에 따라 개인정보를 제3자에게 제공하는 경우에는 익명화하여야 한다. 다만, 연구 대상자가 개인식별 정보를 포함하는 것에 동의한 경우에는 그러하지 아니하다.

제19조(기록의 유지와 정보의 공개)

① 인간대상 연구자는 인간대상 연구와 관련한 사항을 기록 · 보관하여야 한다.

② 연구 대상자는 자신에 관한 정보의 공개를 청구할 수 있으며, 그 청구를 받은 인간대상 연구자는 특별한 사유가 없으면 정보를 공개하여야 한다.

이와 같은 윤리적 지침들은 연구의 모든 과정에서 철저히 인식하고 적용해야 한다. 연구 단계별로 유의해야 할 사항들을 정리해 보면 다음과 같다.

- 연구의 시작 단계: 연구계획서를 작성하여 기관생명윤리위원회(IRB)의 심의를 받는다. 특정 기관과 관련된 연구일 경우는 기관의 맥락에서 연구 참여 동의를 획득한 이후에 연구 참여자들

에게 접근한다. 연구 참여자들에게 연구에 대한 구체적이고 충분한 설명을 제공한 후 연구 참여 동의서에 서명을 받아야 한다. 이때 동의서의 내용으로 연구의 목적, 연구 절차 및 방법과 연구 참여의 기간, 연구 참여자에게 예상되는 이득 및 위험 요인, 개인정보 보호에 관한 사항, 개인정보 제공에 관한 사항, 언제든 연구 참여를 철회할 수 있다는 사항 등에 대해 구체적으로 진술해야 한다.

- 연구의 진행 단계: 연구 과정에서 연구 참여자들을 보호의 대상으로 늘 인식하고 있어야 한다. 안전과 익명성을 보장하기 위해 가명을 사용하고, 이를 위한 다른 가상화 방법들도 고려할 수 있어야 한다. 예를 들면, 연구 참여자가 노출될 만한 지명이나 인간관계일 경우에 이니셜 사용보다는 무작위 기호를 통해 보호할 수 있다. 현장 텍스트를 구성하면서 연구 참여자에게 면담 내용을 확인하는 과정도 필요하다. 이때 연구 참여자의 요청에 따라 특정 사건, 대화, 문서에 대한 현장 텍스트의 처리 요구를 존중해야 한다. 연구자는 연구 참여자들과 연구 전경이 언제든지 변하거나 바뀔 가능성에 대해서 인지하고 진행해야 한다.
- 연구의 마무리 단계: 연구 참여자들은 연구 텍스트의 첫 번째 독자이자 가장 중요한 독자로 간주된다. 그러나 이와 동시에 연구자는 연구 참여자들만을 고려한 연구가 아니라 광범위한 청중과 학문 공동체 내에서의 담론과 토론에 대한 책임 있는 존재라는 사실의 확인이 중요하다. 그러므로 연구자는 관계적 윤리와 책임이 내러티브 탐구 전체에 연결되어 있음을 분명히 인

식해야 한다.

2) 깨어 있기

클랜디닌과 코넬리는 내러티브 탐구의 전 과정에서 지속적으로 고려해야 할 문제로 내러티브의 위험과 장애 그리고 남용의 문제를 제기하였다. 연구자가 현장에 들어갈 때, 현장 텍스트를 비롯하여 중간 연구 텍스트 및 최종 연구 텍스트를 구성할 때 지속적으로 비평가들의 말에 귀를 기울이라고 조언한다(Clandinin & Connelly, 2007, p. 318). 연구의 전 과정을 감수하며 피드백을 제공할 그룹의 존재가 필요한 것이다. 내러티브 탐구는 전적으로 개인적이되 간주관적 특징이 있다는 사실을 인식하여 나르시시즘과 유아론적 사고의 위험에 빠지지 않도록 해야 한다. 간주관적이란, 주관적 관점이 상호 이해를 바탕으로 공유되어 형성되는 인식의 방식으로 합의에 의해 이루어진 객관성을 강조하는 표현이다. 내러티브 탐구가 지나치게 주관적이어서 공유할 수 없는 상태로 치우치지 않아야 함을 의미한다.

내러티브 탐구에서 주의해야 할 또 다른 장애는 연구자와 연구 참여자의 좋은 의도가 모든 문제를 다 해결해 줄 수 있다는 식의 결말을 추구하는 이른바 '할리우드 영화 줄거리'를 구성하는 문제이다(Clandinin & Connelly, 2007, p. 324). 이러한 줄거리는 잠정적이고 임의적인 연구 텍스트라기보다는 인위적으로 흐르기 쉽다. 연구자는 매끄럽게 다듬어진 내러티브와 이러한 과정에서 은폐된 내러티브 사이의 균형을 잡는 문제에 대해 인식하고 있어야 한다. 사건을 시간 순서대로 기술할 때 흔히 나타나기 쉬운 '인과관계의 환상'에 대해서도 인식할 수 있어야 한다.

내러티브 연구자는 비판적 사고 속에서 자기인식을 갖고 자신의 탐구 작업을 수행할 뿐 아니라 외부의 공격에 대해서도 답할 수 있어야 한다. 내러티브 탐구가 경험을 있는 그대로 드러내는 연구라는 것을 이해하지 못하면, 형식주의와 환원주의 입장에서는 범주화의 단계와 귀결의 과정이 생략된 미결의 연구라는 인상을 갖게 될 것이다. 이럴 때 3차원적 내러티브 탐구 공간에서 현장 텍스트와 연구 텍스트에 관련된 질문을 지속적으로 찾아가는 인식이 필요하다. 클랜디닌과 코넬리는 이러한 내러티브 탐구자에게 요구되는 지속적인 반성을 '깨어 있음(wakefulness)'이라고 불렀다(Clandinin & Connelly, 2007, p. 321). 이를 위해 연구 텍스트를 면밀히 검토해 주는 그룹이 필요하되, 환원주의와 형식주의의 경계에 위치한 내러티브 탐구의 관점에 대해 분명한 답변을 갖고 있어야 한다. 다른 질적 연구 방법과 구별되는 내러티브 탐구 방법의 특성에 대해 잘 이해하고, 내러티브 탐구의 용어와 기준을 다른 연구 방법의 용어에 억지로 끼워 맞추지 말아야 한다.

제4장 논문의 진행과 글쓰기

논문을 쓴다고 하는 것은 학문을 연구하고 학자가 되려고 하거나 교수 또는 연구원이 되어 학문의 길을 가는 사람들에게 자신의 직업적 · 전문적인 정체성을 확인하고 학문성을 함양하여 성취감을 고취하는 최고의 과제이다. 하지만 정신적인 집중이 필요하고 동시에 오랜 시간이 걸리기 때문에 쉽게 지칠 수 있는 고된 일이기도 하다. 아직 이런 작업에 서툰 학생들뿐 아니라 이런 일에 익숙해져 있는 대학 교수들에게도 부담스럽기는 매한가지이다. 학계나 학교에서 교수들에게 그만큼 더 높은 수준의 결과물을 기대하거나 요구하기 때문이다.

부담이 큰 또 다른 이유는 학술 서적과 같은 책이나 학습 교재를 쓰는 저술 활동과는 달리 논문의 연구 결과는 학위논문이든 학술지 논문이든 여러 명의 심사위원으로부터 매우 엄격한 평가와 심사를 받아야 하기 때문이다. 그것도 많은 경우는 통과시키기 위한 심사가 아니라 최대한 오류와 결함을 찾고 지적하면서 탈락시키기 위한 심사를 하는 경우가 많고, 학위논문의 경우에는 공개 심사이면서 발표와 구두 심사 방식을 포함한 여러 차례의 심사 과정을 다 통과해야 하므로 더 긴장과 불안에 휩싸이게 된다.

논문 준비에 불안감을 느낀 학생들은 내게 논문을 어떻게 해야 잘 쓸 수 있는지를 묻는다. 나의 답변은 매우 짧고 단순하다. 논문을 쉽고 편하게 잘 쓰는 최상의 해결책은 논문 작업을 최대한 일찍 서둘러 시작하는 것이다. 대다수 학생은, 특히 박사과정 학생들의 경우 교과과정이 3년 또는 6학기이므로 4학기나 5학기쯤 가서 논문에 대해 고민하기 시작하면 대충 시간을 맞출 수 있을 것이라고 생각한다. 그러나 논문의 주제 선정, 자료 수집과 정리, 때로는 프로그램 개발이 추가되기도 하고, 거기다가 연구방법론을 섭렵하고 터득하는 일이 그리 만만치 않을뿐더러, 많은 대학원에서는 학위논문을 신청하기 전에 학술지에 논문을 먼저 게재해야 한다는 규정이 들어가 있다. 이러한 작업을 각각 다 처리하는 데는 아무리 우수한 학생이라 해도 적어도 2~3년이란 시간이 소요된다. 때문에 학위논문 작성은 학과목을 다 듣고 종합시험을 볼 때쯤 생각하기 시작해서는 이미 너무 늦은 것이고, 학위과정을 시작하는 순간부터 고민하며 준비를 해야 마지막 학기나 그다음 학기쯤 가까스로 마칠 수 있는 것이다.

사실 상담 전공 학생들의 경우는 졸업논문보다 취업을 위해 전문상담사 자격증 확보가 더 시급한 경우도 많다. 따라서 이중고에 시달리며 학업 스트레스가 배가되기도 한다. 학생들은 여러 가지 개인 사정으로 인해 이래저래 논문 작업은 뒷전으로 밀려서 나중에 천천히 해도 되는 일로 쉽게 생각한다. 그러나 고학차가 되어 뒤늦게 논문 작업의 어려움을 알게 되고, 자신이 처한 현실과 너무 큰 격차가 벌어져 있는 것을 깨닫게 되면서 거의 자포자기 상태에 들어가게 된다.

최근 추세를 보면 과거보다 박사과정에 들어오기 전에 석사에서 논문을 쓰지 않고 졸업하는 학생들이 많아졌다. 이런 경우는 입학하고 시간이 지나면 자동으로 졸업을 할 것이라고 막연하게 생각하면서 시간을 보내다가 석사와 달리 박사는 논문이 통과되지 않으면 아예 졸업을 못 한다는 사실을 뒤늦게 깨닫고 당황하기도 한다. 그래서 학교에 논문 심사를 연기하고 논문 과정을 연장하는 신청을 하는데, 그것도 무한정 연장할 수 있는 것이 아니어서 그렇게 몇 년을 지내다 자동으로 제적 처리되는 경우가 자주 생긴다. 이런 사정으로 박사학위 취득에 대한 의지가 있지만, 불안하고 초조한 마음은 시간이 지날수록 점점 커지기 마련이고, 동기생들이 계속 졸업하고 좋은 소식이 여기저기서 들리면 열등감이 들고, 동문회 모임에도 수치감 때문에 나갈 수가 없게 되고 만다.

대학마다 박사과정의 졸업 이수 항목을 전부 완수했지만, 단지 논문을 끝내지 못해 박사 졸업장이 없는 사람들이 차고 넘친다. 학교에서 논문 기한을 최대한 연장해 준다 해도 결국 논문을 쓰지 못하고 박사가 되지 못하는 사람들의 정확한 통계자료가 없어 추정치이지만, 분명한 것은 어느 학교나 졸업하고 박사가 된 사람들보다 그렇지 못한 사람들의 숫자가 압도적으로 더 많다는 것이다. 그런데 박사학위는 학문의 세계에서 최고의 수준으로 평가받는 마지막 과정의 학위이기 때문에 누구나 쉽게 박사가 될 수 있기를 기대하는 것은 어쩌면 성립될 수 없는 일일지도 모른다.

1. 논문 작성의 진행 과정

여기서 논문을 쓰기 이전 단계의 선행 요건부터 생각해 본다면, 학문적 사고를 충분히 잘할 수 있느냐 하는 것이 논문을 쓰는 데 큰 비중을 차지한다. 이것은 두 가지 면으로 크게 나눠지는데, 1차적으로 지적인 이해력과 표현력, 또는 학문 연구를 위한 전반적인 지적 능력과 함께 철학적이고 논리적인 사고 체계와 틀을 잘 수용하여 제대로 구사할 수 있는지가 문제이다. 2차적인 것은 자신의 학문적 전공 영역에 관해 정통하고 박학다식한 지식의 틀과 체계가 형성되었고, 그 배경에 풍부한 독서량이 확보되어 있는지, 방대한 지식체계 속에서 이론적 개념과 내용을 깊이 사색하고 성찰하며 비판적이고 창의적인 방식으로 자신의 학문적 견해를 구조화할 수 있는 능력이 길러졌는지의 여부이다.

이것은 일정 부분 선천적이거나 어려서부터 형성되는 부분이기도 하고, 학문적인 기초 자질 형성에 관련되어 있는 부분이다. 이런 부분이 이미 잘 되어 있다면 다른 사람들보다 유리한 입장에서 논문을 쓸 수 있는 조건이 허용된 것이다. 이렇게 논문을 잘 쓰기 위한 선행 요건이 향후 논문 작업에 영향을 미치게 된다.

학생의 입장에서 논문 일정의 전체 진행을 보게 되면, 우선 논문 작성과 논문 심사의 두 부분으로 나눠 생각해 볼 수 있다. 먼저, 논문 작성부터 큰 틀에서 살펴보면, 첫 번째 중요한 일은 논문의 주제를 잡는 일이다. 주제가 정해지면 선행 연구를 검토하고, 기초 자료를 훑어본다. 그러면서 자신이 설계한 논문의 주요 논지를 구성하고 연구 과제와 질문을 써 보게 된다. 이것을 바탕으로 전체적인 목차도 짜 보게 된다. 그런 다음 논문계획서를 체계적으로 정리하여 작성해 본다.

이런 초기 작업이 정리됨과 동시에 두 번째 큰 일은 연구방법론을 연구 주제에 맞춰 신중하게 선택하고 연구방법론의 이론과 실행 방식을 숙지하는 일이다. 만약 내러티브 탐구와 같은 질적 연구라면, 연구 주제가 실제로 심층 면담에 임해 줄 참여자들을 쉽게 섭외하고 그들이 인터뷰에 응해 주고 연구에 협력해 줄 수 있는 주제일지 잘 확인해 보아야 한다. 의욕적으로 연구 주제를 잡았지만, 실제로 참여자를 확보하지 못해 연구 진행이 1년 이상 늦어지는 경우도 쉽게 발생하기 때문이다.

이를테면, 부부 상담에서 외도 문제에 대한 연구 주제를 잡았다면, 배우자의 외도로 인해 상처를 받은 경우는 상담 현장에서 쉽게 만나게 되고, 그들이 하고 싶은 이야기도 많기 때문에 연구에 협조해 주는 경우가 있지만, 외도 또는 불륜을 저지른 배우자를 연구하려는 경우는 참여자를 찾고 만나서 협조를 구하기가 결코 쉽지 않다. 대다수의 경우 죄책감이나 수치감 등으로 일체 다른 사람들과 접촉하는 것을 극도로 회피하기 때문이다. 그러므로 연구 주제를 이상적이거나 비현실적으로 잡아서는 안 되고, 참여자 입장에서 예상되는 반응을 충분히 고려하여 현실적으로 가능한 연구 주제를 잡아야 한다. 이렇게 연구 주제와 방법론은 서로 밀접하게 연결되어 구체적인 어떤 연구 과제에 크든 작든 영향을 주는 상호작용을 하므로 문제 발생의 여지가 없을지 잘 따져 보아야 한다.

1) 논문의 주제 선정

논문을 준비하는 초기 진행 과정에서 대다수 학생이 어려워하고 애를 먹는 것이 논문의 주제를 정하는 일이다. 앞서 제3장에서 논문의 주제 선정에 대해 개괄적으로 언급하였으나, 논문 진행에서 매우 큰 비중을 차지하고 있고, 향후 논문 작업에 지대한 영향을 주므로 구체적인 부분을 추가 설명하고자 한다.

주제 선정은, 먼저 연구자의 정체성을 염두에 두고 정해야 한다. 즉, 연구자 개인의 삶의 과정과 인간관계 형성, 다양한 맥락에서의 삶의 경험, 삶의 목적과 가치 등을 배경으로 삼고 정하는 것이다. 또한 논문을 쓰는 것이기 때문에 자신의 학문적 정체성도 늘 염두에 두어야 한다. 전공 영역과의 일치도, 전공 영역에서의 최신 경향과 평가, 미래적 전망 등을 놓고 신중히 평가해야 한다. 상담학의 경우는 현장에서의 임상 능력과 경험도 큰 비중을 차지하므로 실무적 측면에서 논문 주제를 찾을 수도 있다.

대부분 대학원 학생들의 경우 주제 선정에 관한 도움을 받기 위해 학술 정보 검색 사이트에서 대략 큰 주제 하나를 집어넣고 찾아보게 된다. 물론 이때 학술지 논문보다는 학위논문을 찾는 것이 좋고, 박사과정에 있는 학생은 박사 졸업논문만 찾아보고, 석사는 석사 졸업논문만 찾아보는 것이 좋다. 자신의 학문적 수준에 맞춰 난이도를 조절하는 것이 불필요한 노력을 피할 수 있다.

여기서 조심해야 하는 또 다른 흔한 사례는 내러티브 탐구와 같이 질적 연구를 쓸 학생이 양적 연구방법론을 채택한 논문들을 주로 참고하는 경우이다. 이렇게 되면 처음부터 전혀 다른 방법론적 이해와 접근을 하게 되어 학문적 발상 자체가 어긋나므로 주제 선정이나 제목을 정하는 일부터 향후 방향 설정이 한꺼번에 다 틀어지고 만다. 논문의 주제 선정도 연구방법론과 서로 연결되어 매우 긴밀한 영향을 주고받기 때문에 반드시 질적 연구 방식의 논문 주제를 정해야 한다. 그래서 연구 주제에 해당하는 학위논문이 많이 검색되었다고 해도 내용을 들어가 봐서 양적 연구로 통계 분석을 한 논문들은 먼저 다 빼야 한다. 질적 연구물은 대개 공통적인 성격을 띠므로 대부분 참고할 수 있지만, 중점적으로 참고해야 하는 것은 내러티브 탐구로 쓴 선행 연구물이다.

대부분의 질적 연구가 그렇지만, 내러티브 탐구는 양적 연구의 매우 흔한 주제인 프로그램 개발과 효과성 검증이나, 여러 변인 간의 인과관계 파악과 분석에 연구의 주된 관심을 두는 것이 아니다. 상담학 전공 학생들은 이런 내용에 사전 노출이 많이 되어 강박적으로 이런 접근에 골몰하는 경우가 많이 발생한다.

내러티브 탐구의 주제를 잡는 방식을 도식적으로 설명한다면 '(　　) 대상의 (　　) 경험'으로 단순화할 수 있다. 여기서 연구 대상과 그들의 경험은 보편적이고 일반적인 상황보다 구체적이고 특수한 상황으로 갈수록 연구의 독창성이나 의의가 커진다. 먼저, 대상은 성별과 연령대를 생각해야 하고, 그다음은 결혼 여부와 가족관계, 직업, 학력, 거주 지역, 종교 등을 포함할 수 있다. 어떤 경험은 상담학적으로 의미가 있는 심리적 경험, 문제, 증상 등을 의미한다.

양적 연구에서는 이런 경험을 심리적 속성에 의한 관련 변인들의 복잡한 상호작용을 염두에 두고 독립 변인, 종속 변인, 매개 변인 등의 인과관계를 조사하므로 복합적 성격을 띠게 된다. 연구 주제와 검색어도 많아져 선행 연구 고찰의 분량도 크게 늘어날 수 있다. 그러나 내러티브 탐구에서의 주제가 되는 인간 경험은 되도록 단일 주제로 잡는 것이 선행 연구 고찰의 과도한 노력도 줄일 수 있을뿐더러 경험의 본질을 집중적으로 탐색하는 데 유리한 면이 있다.

내러티브 탐구는 상담학적으로 학문적 의미나 가치가 있는 인간의 특정한 경험에 학문적 초점을 맞추는 것이다. 처음부터 인과관계를 설정해 놓고 접근하는 연역적 연구가 아니라 인간의 상황과 맥락에서의 특정 경험에 대해 심층적으로 이해하고 접근함으로써 거기에 따른 귀납적 연구의 결과물을 얻는 것이다.

논문을 써야 하는 학생들은 논문 주제를 잡는 데 학문적으로 높은 수준과 독창적인 주제를 잡아야 하는 어려움을 겪는다. 이 문제를 해결하기 위해 상담학 전공 대학원 학생들에게 가장 도움이 되는 것은 권위 있는 전국 규모의 대표적인 상담학회에 회원 가입을 하고 적극적으로 학회 활동을 하는 것이다. 학회에서 제공하는 학술 발표와 임상 사례 발표를 계속 듣다 보면 학문적인 도전과 자극을 받아 자신의 학문적 수준의 성장을 기할 수 있게 된다. 또 그런 학회의 인터넷 홈페이지에 연결되어 있는 학회지의 학술 논문들을 검색하여 계속 읽다 보면 논문 주제도 쉽게 잡을 수 있다. 물론 질적 연구 논문을 선택하여 집중적으로 읽는 것이 논문을 준비하는 데 걸리는 시간을 줄여 준다.

논문의 독창성을 확보하는 것이 쉬운 일은 아니지만, 내러티브 탐구는 질적 연구방법론 중에서도 늦게 시작되어 많이 알려지지 않은 편이라 독창성 확보에서 다른 방법론보다 유리한 측면이 있다. 독창성을 확보하는 또 다른 방편은 되도록 최신 논문을 검색해 보는 것이 좋고, 사회문화적인 최신 경향과 시대적 현안에 관심을 쏟는 것이다. 그 밖에 학위논문의 결론 부분에 들어가 있는 제언은 논문에서 다루고자 했지만, 미처 하지 못한 부분에 대한 후속 연구를 독자들에게 제안하는 내용이기 때문에 또 다른 새로운 연구를 시작할 수 있는 학문적 근거가 될 수 있다. 따라서 주목해 보아야 할 필요가 있다.

사실 논문의 주제를 잡는 것은 상담학 공부를 하면서 생기는 끊임없는 질문들을 생각날 때마다 그때그때 바로 적어 놓는 습관을 키우면 좋은 착상을 많이 모아 놓을 수 있게 된다. 그래서 이런 학문적 호기심과 궁금증이 많은 사람은 주제를 쉽게 잡는 편이고, 이런 관심과 노력이 적은 사람은 주제를 잡는 데 어려움을 겪게 된다.

때로는 논문의 주제 선정에 관해 학문적으로 너무 고차원적인 생각만 할 필요는 없다. 논문의 주제를 잡는 것이 어렵게만 생각하면 한없이 어려운 것이지만, 반대로 쉽게 생각하면 쉽게 풀릴 수도 있는 것이다. 오히려 일상생활에서 자기 주변에 상담학적이거나 심리학적인 질문을 계속 던져 보는 것도 어려운 과제를 해결하는 데 큰 도움이 될 수 있다.

시간 문제를 예로 든다면, 시간을 아끼는 사람과 허비하는 사람, 또는 시간을 잘 지키는 사람과 안 지키는 사람이 있다. 인간의 시간관, 시간 개념, 시간 관리도 각기 다르지만, 이렇게 사람들의 각기 다른 심리적 배경과 갈등 경험도 논문 주제가 될 수 있고, 10대나 20대가 연애 중에 싸우고 헤어지는 이유가 무엇인지 궁금해질 때, 그들의 심리적 경험도 논문의 좋은 주제가 될 수 있는 것이다. 이런 주제들은 연구 참여자들을 구하는 것도 쉽게 해결될 수 있다. 너무 어렵게만 생각해서 그렇지 상담학만큼 쓸 수 있는 주제가 많은 전공도 드물고, 일상생활에서 찾을 수 있는 주제는 조금만 자신의 주변 세계로 눈길을 돌리면 생각보다 쉽게 찾을 수도 있다.

대개 학생들의 경우는 처음 논문 주제를 잡고 지도교수를 찾아올 때 보면 너무 추상적이고 막연하거나 너무 큰 덩어리의 일반적이고 흔한 주제를 갖고 오는 경우가 많다. 그러나 논문 주제는 가능한 한 구체적이고 특별한 경험일수록 좋은 주제가 될 수 있다. 이를테면, 막연하게 사랑하는 청춘 남녀의 심리적 갈등 경험이 아닌 재혼하는 노년기 남성 또는 여성의 파트너에 대한 사랑의 갈등 경험은 매우 구체적인 경험이 될 수 있고, 일반적인 사랑이 아닌 첫사랑이나 짝사랑의 심리적 경험에 대한 연구는 매우 특별한 의미를 띠게 된다.

논문 주제를 선택하고 결정하는 단계에서 마지막으로 생각해 볼 문제는 처음 정했던 논문 주제를 바꾸게 되는 경우이다. 이런 경우는 생각보다 흔히 발생하는데, 주제를 정하는 데 크고 심각한 영향을 줄 수 있는 다양한 변수를 간과했거나 논문을 처음 써 보기 때문에 생기는 경험 미숙으로 인해 생기는 경우가 많다. 이렇게 논문 주제를 바꾸게 될 때 주제를 정하기 위한 사전 조사의 기간이 길었거나 논문 진행이 많이 된 경우는 그동안 한 모든 연구가 거의 무용지물이 되어 폐기처분되므로 피해가 클 수밖에 없다. 여러 차례 주제를 바꾸게 되는 경우는 혼란이 가중되어 심한 경우는 논문 작업을 포기하기도 한다. 따라서 논문 주제의 선정은 무엇보다 지도교수와 긴밀한 협의하에 신중하게 이루어져야 한다. 이때 어떤 학생들은 혹시 생길 수 있는 위험 부담을 가급적 줄이기 위해 자신이 관심 있고 써 보고 싶은 논문 주제를 한꺼번에 여러 개를 뽑아 와서 그중에 무엇을 쓰는 것이 좋을지 지도교수의 의견을 묻는 경우도 있다. 어쨌든 연구방법론이 정해지고 논문 주제의 선정이 확실하게 정해지면 그다음은 모든 진행이 쉽게 안정적으로 진행될 수 있어서 논문 진행의 가장 어렵고도 큰 관문을 통과했다고 볼 수 있다.

학생의 입장에서 논문 주제의 결정과 연관해 정확히 알아 두어야 할 추가적인 문제는 논문의 제목이다. 논문 주제는 되도록 처음에 잘 정해 바꾸지 않는 것이 좋지만, 제목은 진행 과정에서 약간씩 고치는 경우가 여러 차례 발생할 수도 있다. 주제만 바뀌지 않는다면 제목이 바뀌는 것은 논문 작성에서 큰 문제가 되지 않는다. 어떤 경우는 마지막 심사 과정에서 제목이 바뀌는 경우가 발생하기도 한다.

2) 논문 자료의 수집과 정리

내러티브 탐구에서 자료수집의 원래 의미는 연구 참여자들의 인터뷰 진술 내용이 주된 자료가 되는 것이지만, 앞서 제3장과 뒤의 제5장에서 충분한 설명이 들어가므로 여기서는 연구 주제의 이론적 배경을 쓰기 위한 선행 연구 고찰에 초점을 맞추고자 한다. 사실 대다수 질적 연구에서는 연구 주제에 관한 학문적 지식을 과도하게 사용하여 시작하는 것을 꺼리는 경향이 있다. 어떤 면에서 학문적 지식은 과거 전통을 중시하는 경향으로 인해 이미 시대에 뒤진 내용이나 최근 사회적 상황에 맞지 않는 내용도 많이 생긴다. 때문에 상담학과 같이 변화의 흐름이 빠른 현장 경험을 중시하는 경우는 지나치게 원론적이거나 현학적인 내용과 서술 방식은 도움이 되지 않는 경우가 많다. 또는 달라진 현장의 목소리를 이해하고 반영하는 데 이런 학문적 선이해가 왜곡된 편견에 의한 잘못된 자료 선택과 해석으로 이어질 가능성도 배제할 수 없다. 그래서 질적 연구의 본래 취지를 강하게 주장하는 사람들은 있는 그대로 가감 없이 현재의 경험을 순수하게 반영하기 위해 지나친 선행 연구 고찰을 만류하는 경향이 강하다. 그러나 학생들의 입장에서는 연구 대상과 주제의 특성을 충분히 이해해야 그에 관한 지적이거나 정서적인 민감성을 높일 수 있고, 교수들의 입장에서는 학생들의 전반적인 학문적 수준을 고취시켜야 하는 입장이라 적정선에서 서로 절충하게 된다.

학문적 이론에 해당하는 문헌 자료를 수집하기 위해 한국교육학술정보원(www.riss.kr)과 같은 학술 정보를 검색할 수 있는 인터넷 사이트에 들어간다. 요즘은 재학생의 경우 학교마다 본교 도서관 사이트에 국내외 학술 DB 검색을 쉽게 할 수 있도록 편리한 서비스가 제공되기 때문에 이 기능을 사용하는 것이 매우 큰 도움이 된다. 여기서 학위논문뿐 아니라 학술지 논문도 무료로 열람하고 파일 저장도 가능하므로 매우 편리하다. 다만, 학생들의 경우 재학 기간만 제공되므로, 이런 면을 고려해서 논문 준비를 일찍 서두르는 것이 좋다. 학술 자료 외에 연구 주제에 관한 정부 기관의 공공 자료를 찾을 때는 국가전자도서관(www.dlibrary.go.kr)에 들어가 찾는 것이 도움이 되고, 언론 보도 자료를 찾을 때는 한국언론진흥재단(www.kpf.or.kr) 사이트에 들어가 찾는 것이 훨씬 쉽고 편리하다.

논문 연구를 위한 주제어를 검색할 때 주의할 점은 한두 가지 용어만 검색함으로써 선행 연구자료를 충분히 확보하지 못하는 경우가 발생한다는 점이다. 예를 들면, 부부 상담에서 다루는 외도 문제를 연구하는 경우에 중심 단어는 외도인데, 외도 한 가지만 갖고 찾아봐서는 안 된다. 외도 외에도 혼외관계, 배우자의 부정 행위 또는 부적절한 행위, 불륜, 간음 등 유사한 용어들을 다 넣고 검색해 봐야 한다.

검색을 하고 나서 너무 많은 자료 건수가 나오면 전공 영역의 주제 분야를 심리학이나 심리과학으로 좁히고, 자료가 너무 적은 경우는 사회과학 전체, 때로는 인문학까지 추가하여 넓혀야 한다. 발행 연도는 최근 논문부터 보는 것이 자료의 질적 수준을 높이는 데 도움이 된다.

선행 연구 고찰을 위한 자료 확보는 학위논문을 준비하고 작성하기 위함이므로 학위논문부터 찾아 읽어 보는 것이 좋고, 그다음 단계로 학술지 논문을 읽도록 한다. 학위논문은 전체적인 구성과 전개 방식, 편집과 인용 방식과 같은 논문 형식을 파악하는 데 도움이 되고, 학술지는 학문적 주제나 내용의 논리적 해석이나 비판적 기술 능력에 관한 질적 수준을 높이는 데 도움이 된다. 여기서 학위논문의 경우는 학생 본인이 재학 중인 대학원에서 졸업한 학생들이 쓴 논문을 먼저 읽는 것이 도움이 되고, 그 후 내러티브 탐구로 쓴 졸업 논문 건수가 많은 학교의 졸업논문을 읽어 보는 것이 논문 통과를 위한 내용의 적정 수준과 논문 형식의 올바른 방식을 터득하는 데 도움이 된다. 물론 최근 발행 연도부터 보는 것이 학문적 지식 수준이 계속 발전하여 개선된 방식에 맞추는 데 도움이 된다.

특별히 해외 학술지의 경우는 어학 실력이 뛰어난 학생들에게는 추천할 수 있고, 그렇지 않다면 상담학의 경우 국내에서는 방대한 전공 영역에 걸쳐 학술 연구가 진행되어 자료가 차고 넘치므로 그것만 읽고 정리하기에도 엄청난 시간이 소요되기 때문에 꼭 필요하다고 판단하지는 않는다. 다만, 어학 실력이 뛰어나고 의욕적인 학생이라면 연구 주제로 검색하여 방대한 자료를 찾기보다는 저자명으로 검색하여 연구 주제나 방법론에 걸쳐 있는 권위 있는 해외 학자들의 대표적인 논문만 읽어 보면 도움이 될 것이다.

선행 연구 고찰을 위한 자료로 학술 서적의 경우는 연구 주제와 일치하거나 가까운 내용만 참고하고, 권위 있고 대표적인 책들을 제한해 찾고 읽는 것이 논문의 작성 기간을 단축해 줄 수 있다. 학업 성적이 우수했던 학생들 중 일부 완벽주의 성향이 강한 경우는 너무 방대한 자료를 찾고, 읽고 정리하느라 많은 시간을 소모하여 논문 진행 도중 탈진 현상이 와서 도중에 포기하고 마는 경우까지 생긴다. 이런 위험한 사태를 막기 위해 논문을 쓰면서 필요한 것은 첫 학기부터 논문 진행을 위한 전체 일정표를 만들어 단계적인 과정별로 시간을 적절히 분배하는 것과 특별히 방학 중에 시간 관리와 활용을 하는 것이다. 그런 다음 학술 정보 수집과 정리를 하면서 동시 작업으로 참여자 면담을 하고 글쓰기 작업을 하는 여러 가지 일을 균형 감각을 갖고 진행해 나가는 것이 필요하다. 어느 한 가지 일에만 지나치게 치우쳐 빠져 있으면 전체적인 일정이 계속 지체되면서 피로감이 커질 수 있기 때문에 이론적인 작업과 실천적인 업무를 병행하는 것이 시간을 효율적으로 관리할 수 있다.

자료를 수집하고 정리할 때, 주제와 항목별로 분류하며 정리 작업이 진행되는데, 시간을 절약하기 위해 자료를 프린터로 출력해 놓거나 PDF 파일이나 스캔 파일로 저장해 놓기도 한다. 또한 내용을 읽고 중요한 데 줄을 쳐 놓기도 하고, 종이의 여백 부분에 주제나 항목, 질문 사항, 자신의 견해 등을 메모해 두기도 한다.

이런 정리 작업과 동시에 본격적인 글쓰기 작업이 시작된다. 오래전 과거에는 여기저기 큰 도서관을 찾아다니며 발품을 팔아 논문을 썼고 논문을 잘 쓰려면 발로 써야 한다는 말을 했지만, 인터넷에 크게 의존하는 정보화 시대가 되면서 이런 말이 없어졌다. 그러나 지금도 논문은 머리로 쓰는 것이 아니라 사실은 손으로 쓰는 작업이라는 것을 기억하는 것이 중요하다. 즉, 머리로 논문을 잘 쓰기 위해 이 궁리 저 궁리만 하며 시간을 보내서는 안 되고, 컴퓨터 앞에서 자판을 두드리며 문서 작업을 해야 실제로 논문 진도가 나가는 것이다. 그렇게 해서 원고의 분량이 조금씩 늘어나야 논문 작업의 의욕도 커지고 속도도 빨라지게 된다.

이렇게 글을 쓸 때 유념해야 할 것은, 논문은 평상시 학기 중에 작성하는 과제물인 레포트나 보고서와는 질적인 내용과 형식, 평가 방식, 향후 공개 여부 등 많은 면에서 크게 다르다는 점이다. 학문적이고 방법적인 면에서 질적 차원과 수준이라든지 형식적인 면이 크게 다르기도 하지만, 정말 중요한 문제는 나중에 심사를 받고 통과되면 인쇄가 돼서 인터넷에 공개된다는 것이다. 이렇게 대외적으로 공개된 이후에는 고칠 수 있는 방법이 없으므로 그 전에 표절 시비 등의 불상사가 생기지 않도록 신중한 글쓰기가 요구된다.

이런 문제를 방지하기 위해서는 다른 사람의 글을 읽더라도 그 내용에 대한 연구자 자신의 사고방식과 표현방식으로 다시 고쳐 쓰는 연습을 계속해 보는 것이 최선의 해결책이다. 이 방법이 불편하고 고통스럽기까지 해도 숙달될 때까지 계속 시도해야 한다.

불가피하게 인용해야 할 때는 인용할 내용을 요약하고 자기 글로 다시 정리하여 분량을 최소화한 다음 인용 출처를 밝히고 본문에 넣어야 한다. 직접 인용 방식보다는 간접 인용 방식을 택하고, 되도록 재인용은 피하는 것이 좋다. 재인용은 선행 연구에서 다른 연구자가 외국 학자의 글을 인용한 것을 다시 인용하는 경우가 많다. 그 내용이 너무 오래전 글이거나 검증되지 않은 글일 수도 있고, 심사위원들에게 연구자 자신이 외국어 실력의 부족함을 감추기 위한 의도가 아닌가 하는 심사위원들의 불편한 의심을 살 수도 있다. 또한 해외 학술 정보를 쉽게 취득하려는 연구자의 얄팍한 편의주의 발상으로 비춰지기 때문에 차라리 빼는 것이 훨씬 보기 좋다.

이렇게 선행 연구에 대해 고찰하여 학생들이 초벌 원고를 써서 갖고 온 경우, 지도교수가 읽어 보면 우선 너무 책이나 교재처럼 쓴 경우가 종종 있다. 이렇게 된 배경은 과제물로 서평을 쓰고 보고서를 쓰는 데만 익숙해져 있기 때문이기도 하고, 선행 연구물로 논문보다는 읽기 쉬운 책을 주로 많이 읽고 참고해서 쓰기 때문에 벌어지는 현상이기도 하다.

논문을 논문답게 쓸 수 있는 비결은 책이 아닌 논문을 열심히 읽어 보는 것이다. 예를 들어, 내러티브 연구방법론으로 박사 논문을 쓸 계획이라면, 내러티브 탐구로 쓴 박사 논문을 검색한 다음 잘 쓴 논문들만 엄선하여 적어도 20권 내지는 30권 정도 읽어 봐야 어떤 식으로 글쓰기를 해야 할지 감이 생기고 요령을 터득하게 된다. 매우 우수한 학생은 100권 이상 읽기도 하는데, 이럴 경우 논문을 쓰는 방식과 실력이 확실히 뛰어나다는 것을 본인도 느끼고 지도교수도 인정한다.

학생들이 처음 써 온 원고를 보면 거칠고 투박하거나 내용이 너무 어수선하고 장황하며 산만한 경우를 보게 된다. 이렇게 학문적 글쓰기가 너무 서툰 학생들이 과거보다 많아졌다. 글쓰기가 고급스럽고 세련되고 매끈하게 되기까지는 누구나 오랜 시간이 걸리고 단기간에 좋아지기 어렵다. 그러나 잘 쓴 글을 많이 읽고 만족스러운 상태가 될 때까지 계속 고치는 연습을 하다 보면 조금씩 좋아질 수 있다.

논문 작성이라고 해도 되도록 이해하기 쉽고 간결하게 쓰는 것이 좋다. 연구자 본인도 무슨 말인지 이해할 수 없는 내용을 써 가지고 오는 경우도 있는데, 어색하고 부적절하거나 논리적으로 맞지 않거나 중복된 내용 등은 무조건 다 삭제해 버리는 것이 좋다.

지도교수에게 원고를 갖고 오거나 제출할 때는 최소한 두세 차례 이상 철저히 교정을 본 후에 검토해 달라고 요청하는 것이 논문 지도를 받는 학생의 기본 도리이다. 전반적으로 학문적 글쓰기 능력이 떨어져 논문 진행이 제대로 되지 않는 경우는 학생 본인이 개별적으로 국어국문학 석 · 박사급 이상의 전문가에게 교정 작업을 도움받는 것이 바람직하다.

3) 논문 심사의 과정

논문 심사의 진행 과정을 살펴보면 크게 3, 4단계의 심사로 나눠진다. 한두 번이 아니고 적어도 서너 차례의 심사가 진행되기 때문에 학생뿐 아니라 지도교수도 스트레스를 많이 받게 된다. 논문 심사의 횟수나 심사 방식은 대다수 학교가 공통적인 내용과 방식을 취하지만, 일부 세부 사항에서는 학교마다 차이가 생길 수 있다.

대학원의 학사 일정에 맞춘 학위논문의 심사 일정에서 논문을 통과해야 하는 경우, 첫 번째 심사 단계는 마지막 학기의 직전 학기(대개 박사의 경우는 5학차, 석사의 경우는 3학차)에 논문계획서를 공개적으로 발표하는 일이다. 이렇게 논문 심사의 진행이 다소 늦게 시작되는 이유는, 먼저 전공 과목의 학점 취득, 논문작성법 과목 이수, 종합시험과 외국어 시험 통과 등의 수행이 그 전에 다 완료되어야 하기 때문이다. 따라서 논문 진행을 쉽게 잘하기 위해서는 되도록 이런 선행 과제들을 일찍 서둘러 마쳐야 한다. 논문계획서의 발표는 흔히 '프로포절(proposal)'이라고 부르는 학위논문 작성을 공식적으로 신청하여 현실적으로 논문을 쓸 수 있는 학문적 주제와 내용인지를 심사받는 논문 진행의 중요한 첫 번째 심사이다.

논문 심사를 본격적으로 처음 받기 시작하는 대학원 학생의 입장에서는 매우 긴장되고, 더욱이 자신이 재학하고 있는 대학원의 다른 학생들과 학과의 전공 교수들이 참석한 자리에서 공개 발표와 심사 과정을 거치므로 불안감은 더 클 수밖에 없다. 논문계획서의 공개 발표회를 어떻게 준비해야 하는지의 가이드라인을 제시해 본다면, 심사의 주된 목적과 심사에서 다루는 내용을 먼저 알아야 할 것이다. 여기서는 논문의 시작 단계에서 준비한 정도와 상태를 보는 것인데, 우선 논문의 주제를 학문적으로 적절히 선정했는지와 어떤 연구 방법을 선택하여 어떻게 진행할 것인지를 살펴보는 것이 주된 점검 사항이다. 이는 주로 논문의 시작 단계이므로 서론 부분에 들어갈 내용을 정리하여 발표하는 것이고, 논지 즉 논문의 핵심 요지의 논리적 정당성을 제대로 밝히는 것이 가장 중요한 과제이다.

구체적인 발표 방식을 제안한다면, 논문계획서의 전체 내용은 A4 5~7매 정도가 좋겠고, 전체 참석자들에게 배부할 경우는 3~4매 정도로 요약한 자료를 사용할 수도 있다. 그러나 심사위원들에게는 전체 내용이 들어간 발표 자료를 제출해야 한다. 발표 시간은 여러 명의 발표자가 대기하고 있는 경우가 있고, 참석자들과 심사위원들의 질문이나 심사평이 있어서 대개 20~30분 정도의 시간을 주지만, 때로는 그보다 시간을 더 줄여야 하는 경우가 많다. 때문에 논문계획서의 내용을 그대로 읽기보다는 PPT 자료로 다시 정리하여 핵심 내용만 전달하는 것이 더 좋은 발표 방식이다. 논문계획서의 구체적인 내용과 형식은 제7장 '내러티브 탐구의 실제: 사례 Ⅲ'을 참고하기 바란다.

논문 프로포절이 통과되면 그다음 단계의 심사를 예비 심사라는 말을 쓰기도 하지만, 흔히 중간 심사라고 부른다. 중간 심사란, 말 그대로 논문 작성이 중간 이상 진척되었을 때 한다는 뜻이다. 그런데 그런 중간 지점을 어디로 잡느냐는 학과나 지도교수의 의견에 따라 달라지기도 한다. 일찍 심사를 잡는 경우는 서론 또는 제1장을 쓰고 심사를 받기도 하지만, 필자는 결론까지 전체 제5장 중에 제3장까지 완성된 경우에 중간 심사를 신청하도록 지도한다. 이 상태에서 심사를 받는 것이 최종 심사까지 통과되고 전체 심사 일정을 마치는 데 가장 유리하다고 보기 때문이다.

조급한 심정에 너무 일찍 심사를 신청하면 논문 분량이 적어서 심사할 내용도 적고, 그다음 본 심사에서는 고치라는 지적 사항이 너무 많아진다. 또한 심사 횟수가 자동적으로 늘어나기 쉬워서 전체 심사 일정도 길어질 수 있다. 반대로 논문을 거의 다 써 놓고 중간 심사를 해도 그때까지 시간이 너무 많이 걸리므로 논문을 쓰는 학생은 빨리 지치게 된다. 지도교수 입장에서 그렇게 하는 또 다른 이유는 되도록 한 학기에 중간 심사 이후 본 심사까지 다 마쳐야 논문을 쓰는 학생이 심사료를 이중으로 내지 않기 때문이다. 논문이 해당 학기에 다 통과되지 않고 다음 학기로 넘어가면 심사료를 또 지불하여 총 두 번 내야 하므로 학생의 경제적 부담이 커질 수 있다.

여기서 중요한 것은 논문 심사에 관한 학교의 학사 일정이다. 대개 학기가 시작되고 수업 주차로 5주차나 6주차 내에 중간 심사를 하면 그 학기에 다 마칠 가능성이 높다. 그러나 8주차를 넘어 학기 후반에 중간 심사를 신청하면 해당 학기에 마칠 수 있는 가능성은 매우 낮다. 그럴 경우는 심사료의 이중 납부 문제가 생겨 아예 다음 학기로 이월해 중간 심사를 받도록 한다. 그러나 학생이 경제적 여유가 있고, 해당 학기에 중간 심사라도 확실하게 끝내 놓는 것을 강력히 원할 경우는 그대로 진행할 수도 있다. 따라서 학기 중에 중간 심사가 일찍 통과되어야 해당 학기에 졸업할 수 있는 가능성이 그만큼 높아진다고 예상할 수 있다.

논문 심사 일정을 촉박하게 잡을 수 없는 사정은, 학생의 입장에서 완성도가 높은 원고를 준비해야 하는 문제와 함께 지도교수의 입장에서는 원고 전체를 검토하고 지도할 시간이 필요하기 때문이다. 교수는 논문 지도만 하는 것이 아니고 강의와 연구, 행정 업무 등 자신의 일도 많다는 사실을 알아야 한다. 지도교수의 지도를 받고 수정을 거친 원고는 제본을 해서 중간 심사 발표일 최소 1주 전에 심사위원들에게 배부되어야 한다. 따라서 중간 심사에 발표할 원고를 완성했을지라도 실제로 중간 심사 날짜는 한 달 이후에 잡힐 가능성이 높다. 본 심사의 경우도 마찬가지로 발표 원고가 완성되었다 해도 심사 날짜는 한 달 이후에 잡힌다. 그러므로 학생들은 전체 심사 일정에 걸리는 시간이 자신의 생각보다 더 많이 걸릴 수 있다는 점을 염두에 두고 진행해야 한다.

중간 심사 일정이 잡힐 때 논문 심사위원회가 구성되고 심사위원들도 정해진다. 심사위원들은 대개 학과의 전임 교수들로 구성된다. 참석할 수 있는 교내 전공 교수의 숫자가 적거나 학생이 요청하는 경우 박사 심사는 2명까지, 석사는 1명의 외부 심사위원을 초청할 수 있다. 외부 심사위원의 자격은 적어도 전공 분야의 박사학위 소지자 이상이어야 한다. 전체 심사위원의 숫자는 박사의 경우 5명이고 석사의 경우는 3명이다. 학교마다 외부 심사위원을 부르는 일이 절차상 번거롭거나, 적은 심사료를 드리면서 멀리서부터 초청하기 부담스럽고, 심사 날짜를 정하기 위해 서로 시간을 맞추기 어려운 경우도 많아 되도록 피하는 경향이 있다.

중간 심사가 끝나면 본 심사의 단계로 나아간다. 첫 번째 본 심사가 최종 심사가 될 수도 있지만, 본 심사에서 논문 내용에 심각한 결함이 발견되거나 수정을 요구하는 사항이 많은 경우는 논문 통과가 보류되고 재심이 이어진다. 논문의 최종 통과는 심사위원 전체가 동의해야 하므로 쉽지 않지만, 지적 사항이 대부분 사소한 문제이거나 많지 않은 경우는 지적 사항들을 고치는 조건으로 조건부 통과를 시키기도 한다.

논문 심사의 경우에도 100점 만점으로 하여 심사위원들로부터 점수가 부여되고, 80점 미만의 경우는 불합격으로 처리된다. 심사위원 중 한 명이라도 불합격 처리가 나오면 논문 통과가 되지 않고 재심을 해야 한다.

대부분의 학교는 구체적인 채점 규정이 따로 없거나 명확하지 않다. 그 이유는 학술지 논문 평가의 점수 산정 방식처럼 엄격하고 철저히 채점한다면, 80점을 넘기는 경우가 매우 적어지기 때문이다. 일반적으로 점수가 부여되는 방식은 심사 과정에서 연구 주제의 학문적 중요성과 가치, 논문의 논지 구성의 명확성, 논문 내용과 전개에서의 심각한 학문적 결함과 논리적 오류의 유무, 연구 절차와 방법의 적합성, 논문 형식과 인용 방식의 정확성 등과 중간 심사 이후 지적 사항들의 수정과 보완 상태에 따라 최종 심사 후 점수가 부여된다.

논문 심사의 순서를 보면 심사위원장이 사회를 보면서 개회를 선언하고 심사위원들을 소개한 후 논문 발표자가 자신의 논문의 요지를 짧고 간략하게 설명한다. 이후 심사위원들이 질문이나 한 명씩 돌아가며 심사평을 하고, 잘못된 부분을 고치라는 지적을 한다. 그 다음 발표자가 지적에 대한 해명이나 질문에 대한 답변을 한다. 이런 순서가 끝나면, 발표자를 잠시 밖으로 내보내고 심사위원들이 심사 결과를 논의하여 통과 여부를 결정한 다음, 발표자를 다시 들어오게 하여 심사위원장이 결과를 통보해 준다. 이런 일련의 과정이 짧으면 1시간 이내로 끝나기도 하지만, 심사위원들이 지적 사항이 많고 이에 관한 설명이 길어지거나, 심사위원들 간의 이견이 많고 논쟁이 심해지는 경우는 2시간 이상 걸리기도 한다.

심사를 하면서 발표자가 신경 쓰고 주의할 점은 심사위원들의 지적 사항을 잘 듣고 정확히 이해하여 메모를 해 두는 일이다. 중요한 지적 사항을 놓치거나 잘못 이해하면, 그다음 심사에서 고치지 않았다고 다시 지적을 받고 그로 인해 논문 통과가 되지 않을 수도 있다. 이런 사고를 방지하기 위해 발표하는 학생이 심사위원들의 양해를 미리 구한 후 심사평과 지적 사항만 녹음을 해 두는 경우도 있다. 이렇게 하는 것이 안전하고 정확하게 다음 심사를 대비하는 방식이다.

심사 후에는 메모와 녹음 내용을 정리하여 심사위원별로 지적한 내용을 토대로 논문 수정의 심사위원별 지시 사항을 표로 만든다.

〈표 1〉 논문 수정의 진행 결과

심사위원 명단	수정 지시사항	이행 내용과 결과	진행 상황	비고
심사위원 A	1.	1.	수정 완료	
	2.	2.	진행 중	추가 자료 수집 중
	3.	3.	미해결	지도교수와 협의 중
	4.	4.		
	5.	5.		
심사위원 B	1.	1.		
	2.	2.		
	3.	3.		
	4.	4.		
	5.	5.		
심사위원 C	1.	1.		
	2.	2.		
	3.	3.		
	4.	4.		
	5.	5.		
심사위원 D	1.	1.		
	2.	2.		
	3.	3.		
	4.	4.		
	5.	5.		
심사위원 E	1.	1.		
	2.	2.		
	3.	3.		
	4.	4.		
	5.	5.		

이 표에 추후 수정 진행 상황과 고친 결과 내용을 추가해서 넣고 다음 심사에 전체적으로 수정한 논문 원고와 함께 제출한다.

논문 심사를 받는 것을 흔히 논문 디펜스(defence)를 한다고 부른다. 심사위원들의 비판적 공격을 잘 방어하면서 막아 보겠다는 뜻일 것이다. 박사 논문 심사의 경우 5명의 심사위원 앞에서 하는 것이라 발표하는 학생들은 긴장과 불안을 경험하게 된다. 반면에 지나치게 방어적인 자세를 취해서 심사위원들의 지적에 반발하고 따지는 듯한 태도를 보이는 학생들도 있다. 이런 경우는 대부분 좋은 결과를 얻지 못하고, 오히려 심사위원들의 더욱 엄격한 평가를 가져오게 된다. 가능한 한 편안한 마음을 유지하면서 심사위원들의 의견을 경청하고 존중하는 태도를 갖는 것이 바람직하다.

대부분의 심사위원들은 연구 활동을 오랫동안 해 오고 심사 경험도 많은 분들이다. 따라서 작심하고 논문의 결함을 찾고자 한다면 지적 사항이 한도 끝도 없이 나올 수가 있다. 그래서 심사위원들이 이것저것 고치라고 하고 때로는 지나친 수정 요구를 하는 경우도 생기는데, 그럴 때 화를 내면서 대들어서는 안 되고, 논문 심사도 교육과정의 한 부분이기 때문에 기본적으로 배우려는 자세로 임해야 한다. 이럴 때 무조건 못 하겠다는 투의 거부적인 태도를 보이기보다는 지도교수와 상의하여 고치겠다고 하는 것이 가장 좋은 대처 방식이다. 그렇게 해 놓고 나중에 따로 지도교수의 도움과 조언을 구하는 것이 현명한 대처법이다.

2. 논문의 서론 쓰기

논문의 서론에서는 다른 논문들과 공통적으로 연구의 필요성과 목적이 먼저 들어가고, 그다음 연구 문제 또는 연구 질문이 들어가고, 연구방법론에 관한 개괄적인 소개가 들어간다. 연구방법론에 관해서는 전체 내용을 두 부분으로 나눠서 연구방법론의 학문적이고 이론적인 개념 설명은 서론 뒷부분에 넣고, 연구방법론에 의한 실제적인 진행 과정에 관한 설명은 제3장 앞부분에 넣는 것이 논문의 전체적인 구조 배열상 가장 적합하고 독자들이 읽기에도 편하다. 서론에서는 내러티브 탐구의 개념과 특성을 교과서 쓰듯이 내용을 잡다하게 넣어서는 안 되고 핵심 이론을 논문의 연구 주제와 연결하면서 간결하게 작성하는 것이 좋다.

서론에 용어 설명을 넣는 경우도 있지만, 이렇게 용어 설명을 넣는 것은 질적 연구보다는 주로 양적 연구에서 많이 보인다. 특히 실험 측정의 구체적이고 정확한 의미를 정해 놓기 위해 조작적 정의를 먼저 설명해야 하는 특수한 상황 때문에 이와 같이 구성한다. 이런 경우나 연구자가 연구 주제와 연관하여 독창적으로 고안한 신조어를 설명하기 위한 경우는 서론 부분에 설명이 필요하겠지만, 그렇지 않은 일반적인 용어의 경우는 필요한 경우 논문 하단에 설명 각주로 빼거나 본론의 제2장에 가서 연구 주제에 관한 개념 설명이 있을 때 넣는 것이 좋다.

그렇지 않으면 불필요한 내용이 중복되는 문제가 생기거나, 너무 용어 선정과 정의를 내리는 데만 집착하는 소심함으로 인해 논문 앞부분에서부터 논문의 수준과 격을 떨어뜨리는 양상으로 비치기도 한다. 사실 박사 논문의 경우는 고급 단계의 학술 연구이기 때문에 기본적인 용어를 학술 서적처럼 설명할 필요는 없다.

이렇게 용어 설명은 매우 전문적인 학술 용어이거나 특수 용어인 경우로 제한하고, 이에 대한 설명도 국어 사전이나 인터넷 사전을 인용하여 내용을 정리하기보다는 학문 사전을 사용하는 것이 올바른 접근이다. 상담학의 경우는 정신분석 용어 사전이나 가족치료 용어 사전 등이 따로 있어서 전문 사전을 참고하고, 그런 다음에 용어와 관련된 전문 영역의 권위 있는 학자들의 개념 설명을 추가하는 것이 좋다.

예외적으로 질적 연구에서도 용어 설명을 넣는 경우를 간혹 볼 수 있는데, 논문의 주제어가 학계에서 의미를 규정하는 내용과 방식이 다양하게 엇갈리는 경우에 연구자가 어느 한 가지를 채택한 이유와 근거를 밝히기 위함이다. 또한 논문 주제어가 시대적 상황의 변화로 인해 의미 자체가 변하고 있는 배경을 밝히기 위해서이기도 하다. 또 다른 중요한 문제는 연구방법론과 연계되어 연구 참여자의 자격 조건을 제한해 두기 위해 서론에 일찍 범위를 지정해 놓는 경우이다.

사실 논문의 서론, 본론, 결론 중에서 서론을 쓰는 것이 가장 어려운 일이다. 누구나 처음에는 모든 것이 막막하여 어떤 식으로 내용을 전개해야 할지부터 막연하고 글이 제대로 써지지 않기 때문이다. 이런 경우는 서론을 대충 짧게 써 놓고 제2장의 이론적 배경부터 쓰는 것이 좋다. 그렇게 뒷부분을 먼저 쓰다 보면 앞에 쓸 내용의 자료도 많이 찾게 되고, 서론의 내용 구성에 관한 생각도 더 많이 떠오르게 된다.

1) 연구의 필요성과 목적의 내용 작성하기

연구의 필요성과 목적은 논문 서론의 첫 제목으로 위치하고, 논문을 처음 시작하는 단계이므로 논문 주제에 관한 일반적인 소개부터 시작하는 것이 전체적인 내용상 자연스러운 글의 전개가 될 수 있으며, 독자도 주제에 관해 쉽게 이해하면서 접근할 수가 있다. 그러면서 내러티브 탐구는 질적 연구이므로 연구자가 연구 주제에 개인적인 관심을 갖게 된 삶의 배경을 설명할 수도 있다. 연구를 시작하게 된 삶의 상황, 발단이 된 어떤 사건이나 삶의 경험이 소개될 수도 있다. 이렇게 연구자가 연구 주제와 대상을 선택하게 된 구체적인 동기를 설명하는 삶의 경험 이야기부터 시작하는 것도 내러티브 연구방법론의 본질적인 성격과 전개 방식과도 잘 맞는다고 생각한다. 다만, 이런 내용을 서론에서는 길게 쓸 필요는 없고 짧고 간결하게 쓰는 것이 좋다. 연구자의 내러티브도 제3장 앞부분에 들어가는 것이 시작부터 논문의 내용이 길고 장황해지거나 전개가 산만해지는 것을 막을 수 있다.

이렇게 연구자의 개인적 삶의 경험에서 시작하고 다음 단계의 시간성과 공간성을 염두에 두면서 시대적인 상황과 분위기 또는 시대정신과 사조, 동시에 특정 맥락 속에 벌어지는 사회적 갈등으로 인한 상담학적 문제를 제기하며, 독자들에게 연구 주제의 학문적 의미와 연구의 중요성을 인식시켜 주는 것이 좋다. 그래서 자신의 연구가 구체적으로 어떤 개인적 · 사회적 문제를 해결하기 위해 필요한지를 밝힌다. 그런 다음 자신의 연구가 선행 연구와는 어떤 다른 시도를 하여 제기된 문제에 적절한 학문적 대처를 해 나가고자 하는지와 그로 인해 어떤 학문적 기여를 할 수 있기를 바라는지 제시함으로써 연구의 필요성에 관한 내용을 논리정연하게 정리하도록 한다. 또는 기존 연구에서의 문제점을 제시하며 연구 내용을 어떤 관점에서 어떤 이론을 바탕으로 진행할 것인지를 밝히기도 한다.

이렇게 연구의 발단과 시작 배경을 먼저 설명함으로써 연구할 가치가 있는 주제임을 밝히고 연구의 정당성을 확보하면서 연구하고자 하는 문제를 제시한 다음, 이러한 연구를 수행하고자 하는 구체적인 목적을 기술한다. 연구 목적은 연구의 필요성을 바탕으로 연구자가 논문에서 학문적으로 다루고자 한 계획과 기대하는 결과를 간결하면서도 명확하게 제시해야 한다.

요약하여 다시 정리하면, 내러티브 탐구의 연구방법론을 선정한 논문은 전체적인 내용 구성도 내러티브 탐구의 이론적 틀과 체계에 맞춰 정리하는 것이 바람직하다는 것이다. 앞서 설명한 듀이의 시간의 연속성 개념과 클랜디닌과 코넬리의 3차원적 내러티브 탐구 공간을 염두에 두고 내용을 논리적으로 연결해 나가는 것이 좋다. 즉, 과거-현재-미래의 시간 경과 속에서 연구자 본인의 정체성 경험으로 시작하여 사회적 관계로 확장되는 방식은 우리에게 친숙한 시간의 진행 방향과 나 자신에서 시작하여 연구의 대상인 다른 사람들과의 관계로 연결되는 연구의 전개 과정을 의미한다. 이는 시간의 연속성과 개인과 사회의 상호작용의 확장성을 지향하는 연구방법론의 이론적 방향과 서로 잘 맞을 수 있다.

2) 연구 문제와 논지를 구성하기

연구 문제는 연구 주제에 의한 주요 연구 과제를 몇 개의 질문 형태로 제시한 것을 의미한다. 연구 질문의 숫자는 대개 세 개에서 다섯 개 정도로 정리하고, 논문의 핵심 개념인 논지를 구성하여 그 틀에 맞춰 전개하는 방식을 취한다.

클랜디닌과 코넬리는 연구 문제를 그들만의 은유적 표현으로 '연구 퍼즐'이라고 부른다. 그들의 학문적 사상을 존중하고 추종하는 면에서 그대로 쓸 수도 있겠지만, 내러티브 탐구를 국내 상황에 맞춰 선별하고 재구성하며 정착시키는 면에서는 서로 사용하는 학술적 의미와 내용이 같다면, 기존에 우리가 일반적으로 사용하던 용어 자체를 폐기할 필요는 없다고 생각한다. 기존의 용어를 폐기할 경우 독자들에게 생소하고 어색하거나 혼란스럽게 느껴질 수 있고, 심사 과정에서 불필요한 논쟁을 불러일으킬 수 있기 때문이다.

- 첫 번째 질문은 연구 대상, 즉 연구 참여자들이 연구 주제에 관해 경험한 내용이 무엇인지와 그 경험한 내용이 어떻게 형성되었는지에 관한 질문이다.
- 두 번째 질문은 문제가 되는 경험적 현상의 원인에 해당하는 배경이나 발생한 방식이 무엇인지에 관한 질문이다. 그리고 그런 현상의 증상이나 유형은 무엇인지를 추가할 수 있다.
- 세 번째 질문은 만약 연구 주제가 상담학에서 자주 등장하는 갈등이나 고통의 경험이라면, 그런 문제에 어떻게 반응했는지 또는 대처하거나 극복하려고 무엇을 했는지에 관한 질문이 들어갈 수 있다. 그런 다음 치유를 촉진하거나 방해했던 양쪽 요인은 무엇이었는지의 질문도 들어갈 수 있다.
- 네 번째 질문은 연구 대상이 연구 주제에 관한 경험을 통해 생

긴 심리적 변화가 무엇인지에 대한 질문이다. 심리적 변화는 인지적 변화, 정서적 변화, 행동적 변화, 사회적 변화 등으로 구체적인 서술을 할 수도 있다.

- 다섯 번째 질문은 연구 주제에 관한 경험이 연구 대상의 개인적이고 사회적인 삶에 어떤 영향을 주었고, 어떤 결과를 가져왔는지에 관한 질문이다.
- 마지막 질문은 결론적인 면에서 연구 대상이 연구 주제에 관해 경험한 내용의 본질적인 성격은 무엇이고, 그것이 연구 대상의 삶에 상담학적으로 어떤 의미를 갖는지에 관한 질문이다.

질문의 내용과 순서는 연구자의 논문 주제에 맞춰 선별하여 정하고, 질문의 전체 내용이 논리적으로 연결되어 단계적으로 진행될 수 있는 방식을 취하는 것이 좋다. 연구 질문의 내용 구성에 따라 나중에 연구 참여자들과의 인터뷰 질문 내용도 정해지고, 본론의 내용도 결정되므로 어떤 질문과 순서로 정하느냐는 논문의 전체적인 방향을 결정짓는 매우 중요한 문제이다.

3. 논문의 본론 쓰기

논문의 본론은 제2장부터 제4장까지의 내용으로 선행 연구 고찰을 바탕으로 작성된 이론적 배경, 내러티브 탐구의 진행 방식에 의해 연구 참여자들을 인터뷰한 자료의 수집과 정리한 내용 그리고 자료에 대한 연구자의 질적 분석 내용이 주된 내용을 이룬다.

1) 이론적 배경 작성하기

이론적 배경은 논문 제목과 연구 주제를 고려하여 큰 항목을 먼저 정해야 한다. 이렇게 연구 영역을 범주화할 때 항목이 많을수록 선행 연구에 관한 자료 수집과 정리 기간이 길어지기 때문에 될 수 있으면 항목을 단순화하여 항목의 개수를 적게 잡는 것이 좋다. 항목은 두 개가 가장 적당하고, 만약 연구 주제가 복합적인 성격을 띠고 있다면 세 개 정도로 잡을 수 있다. 상담학 논문의 경우 대개 제목이 연구 대상의 심리적 경험으로 내용상 압축될 수 있다. 첫 번째 큰 항목은 인간이 문제보다 앞서고 문제를 경험하는 주체이기 때문에 연구 대상에 대한 학문적 이해로 잡는다. 그다음 두 번째 항목은 심리적 경험으로 잡는 것이 올바른 순서이다. 이를테면, 연구 주제가 청소년의 진로선택 경험이라면, 이론적 배경의 첫 번째 항목은 청소년에 대한 학문적 이해가 되고 두 번째 항목이 진로선택에 대한 학문적 이해가 될 것이다.

앞과 달리 논문의 논지 구성이 여러 개의 심리적 요인 중에서 A가 B에 미치는 영향을 연구하는 방식이라면 연구 주제의 항목이 더 늘어난다. 또는 연구 대상의 심리적 경험이 복잡하고 다양한 성격을 띨 때, 생애사 연구의 성격을 띠면서 시간 영역대가 길어지는 경우에도 항목이 늘어난다. 그러나 학위논문의 경우는 굳이 어려움을 자초할 필요가 없고, 가능하면 논문 작성 기간을 단축할 수 있는 구성 방식을 선택하는 것이 현명한 태도라고 본다. 그런 면에서 논문 구상의 초기에 연구의 한계 설정을 구체적으로 미리 정해 놓는 것이 도움된다.

이론적 배경의 내용을 구성할 때, 상위 영역의 큰제목들이 정해지면 그다음 하위 영역의 작은 제목들을 정해야 하는데, 작은 제목은 심리학적 또는 상담학적 의미를 찾아 붙이는 것이 일반적이다. 예를 들어, 앞의 큰제목은 '청소년의 이해' 또는 '청소년의 일반적 이해'가 된다면, 작은 제목은 '청소년의 심리학적 이해' 또는 '청소년기의 심리적 · 발달적 특성' 등으로 제목을 붙이게 된다. 여기서 만약 연구자가 정신분석학이든 가족치료학과 같이 특정 상담학파의 오랜 교육과 수련 경험이 있다면, 연구 대상과 주제에 관해서도 특정 이론의 관점에서 작은 제목을 정하는 것이 바람직할 수 있다.

작은 제목을 정할 때, 연구 대상이나 연구 주제의 검색어로 선행 연구를 먼저 찾게 되는데, 되도록 많은 논문을 검색해 보되, 전체 내용을 다 읽어 볼 필요는 없고 일단 목차 구성만 확인해 보면 된다. 그러면서 논문의 독창성을 확보하기 위해 연구 질문과 논문의 논지를 고려하여 연구의 강조점과 초점이 무엇인지 연구자의 학문적 관점으로 발전시켜 나가도록 한다. 그 후 연구의 영역과 범위를 좁혀 가며 상위 영역에서 하위 영역으로 내려가는 작은 제목들을 정한다. 하위 제목의 경우에도 항목이 많을 필요는 없고 두 개에서 세 개 정도로 줄이는 것이 작업 분량을 줄일 수 있다.

이론적 배경의 내용을 작성할 때 교과서나 강의 교재와 같은 서술 방식으로 개념 설명을 나열하는 것은 학술 논문의 작성 방식과 어긋난다. 선행 연구 고찰에 의한 학문적 동향과 추세를 파악하고, 선행 연구와 달리 연구자의 연구 목적과 방향에 맞춰 학문적으로 특별하거나 어떤 새로운 시도를 하겠다는 연구의 정당성을 주장하는 방식을 취하는 것이 좋다. 그러면서 내러티브 탐구의 이론과 형식에 연계하여 글쓰기의 전개 방식도 다른 연구방법론과 달리 내러티브 탐구의 고유한 방식을 취할 수도 있다. 특별히 이론적 배경을 작성하면서 유의할 점은 선행 연구를 찾는 검색의 범위를 지나치게 확대하지 않고, 선행 연구물의 내용도 꼭 필요한 부분만 읽어 보면서 작업 분량을 제한하며 쓰는 것이 전체적인 논문 일정을 단축하는 길이다.

2) 현장 노트로 논문 작성하기

여기서는 내러티브 탐구의 전체 다섯 단계의 과정에서 현장으로 들어가기, 현장에서 현장 텍스트로 이동하기, 현장 텍스트 구성하기까지 3단계의 과정을 토대로 논문 제3장의 내용을 구성하는 방식과 현장 텍스트를 중심으로 내용을 작성하는 방식을 설명하고자 한다. 논문의 제3장은 전체 제5장 중에 가장 많은 분량을 차지하는데, 논문 작성의 자료로 연구 참여자들을 인터뷰한 내용의 비중이 크고, 연구 참여자의 숫자가 많아질수록 분량은 늘어나기 때문이다.

구체적인 내용 구성 중에 현장 들어가기에서는 첫 번째에 연구자의 이야기를 넣고, 두 번째로 연구 참여자들을 모집하고 선정한 과정에 대한 설명이 들어간다. 세 번째로 자료수집 및 분석 방식에 대해 설명하고, 마지막에 연구 참여자들을 소개하는 내용과 그들의 인적 사항을 표로 작성하여 넣는다. 각각의 과정에 대한 설명은 책이나 교재처럼 이론적 내용을 많이 쓸 필요는 없고, 연구자 본인이 연구방법론의 이론을 현장에 적용하면서 발생한 구체적인 문제와 내용에 초점을 맞춰 기술하는 것이 올바른 논문 작성 방식이다.

연구자의 이야기는 논문 주제와 연결된 연구자의 삶의 경험을 주 내용으로 넣고, 연구의 동기나 배경을 설명할 수 있는 연구자의 경험이나 연구 주제에 관심을 불러일으킨 특정 사건을 이야기 서술 방식로 쓰되, 서론 내용과 중복이 되지 않도록 한다. 전체적인 분량은 길고 장황한 내용이 되지 않도록 내용을 간추려 3~4매 이내로 쓴다.

연구 참여자를 모집하고 선정한 방식과 과정에 대해서는 연구 참여자의 자격 조건을 어떻게 정했는지, 그렇게 정한 배경과 이유가 무엇인지, 어떤 방식으로 모집했고, 선정 과정에서의 갈등과 어려움은 없었는지 등을 구체적으로 설명한다. 질적 연구의 참여자 모집 방식은 목적 표집이란 용어를 쓰는데, 양적 연구에서처럼 일반화나 이론 검증이 연구의 주된 목적이 아니므로 무작위로 추출하는 무선 표집(random sampling)을 하지 않고 연구자가 연구의 목적에 적합한 대상을 선택하여 연구를 진행한다. 그래서 연구자는 자신의 연구 주제나 문제에 진지하고 깊이 있는 답변을 해 줄 수 있는 충분한 지식, 경험, 태도를 지니고 있는 대상이 누구일지 신중한 판단을 해야 한다.

연구 참여자의 구성에 있어 동질 집단으로 해야 할지, 이질 집단으로 해야 할지의 선택을 고민하기도 하는데, 내러티브 탐구는 포커스 그룹처럼 집단으로 면접이나 토론은 하지 않고 개별 접촉을 하기 때문에 이런 선택이 큰 문제가 되지 않는다. 이렇게 연구 참여자들의 집단 역동성이 필요하지는 않지만, 다양성은 충분히 고려하는 것이 좋다. 이를테면, 연구 대상을 대학생으로 한다면 연구 주제에 맞춰 성별 구성을 남녀 한쪽만 할지 양쪽을 다 하는 것이 나을지 고민해야 되고, 학년도 되도록 한 학년으로 하지 않고 다양하게 넣는 것이 나을 수 있다. 학교도 한 학교에서 다 정하지 말고 여러 학교를 섭외하여 참여자의 구성을 폭넓게 하는 것이 다양하고 특수한 배경에서 연구 내용을 수집할 수 있어 단조롭지 않게 된다. 또한 자료 내용을 풍부히 정리하여 분석하면 논문 내용도 우수해지고 작성하기도 쉬워진다. 동일한 학교, 동일한 학년 등으로 구성하는 것은 내용이 너무 식상하거나 피상적이 될 수 있고, 그런 내용을 일반화시키는 것은 논리적으로 무리가 뒤따를 수 있다.

참여자 모집을 서두르면서 참여자 확보가 여의치 않을 때, 간혹 어떤 연구자들은 자신의 친구나 동료, 가까운 친척을 참여자로 섭외하는 경우가 있다. 이는 상담에서 되도록 이중관계를 회피하는 것과 마찬가지 방식으로 연구자가 관계 형성에서 적절한 경계 설정이 어려워져 객관적인 시각을 잃어버릴 수가 있다. 연구 참여자 편에서도 일방적으로 연구자가 원하는 면으로 맞춰 가거나 피상적인 가벼운 대화 내용만 내놓고 깊이 있는 내용이나 부정적인 경험은 숨길 수 있기에 이중관계는 가급적 피하는 것이 바람직하다.

연구 참여자의 적정 인원에 대해 생각해 보면, 내러티브 탐구의 경우는 근거 이론이나 현상학적 연구와 같은 다른 질적 연구보다 인원 수를 적게 잡는 경우가 많다. 이는 내러티브 탐구에서는 더 이상의 새로운 자료나 정보가 나오지 않을 때까지 연구 참여자들을 계속 찾는 포화 표집에 큰 의미를 두지 않기 때문이다. 연구 참여자의 인원 수는 연구를 진행하기에 충분한 자료를 확보할 수 있도록 보통 4~5명 정도를 최종 선발하게 된다. 그러나 이 정도의 인원을 확보하기 위해서는 연구 초기에 적어도 7~8명 정도를 섭외해 두어야 한다. 연구가 진행되면서 도중에 예상치 못한 일로 일부 참여자가 인터뷰를 거부하거나 포기하는 경우도 생기기 때문이다.

어떤 연구에서는 연구 참여자의 인원이 매우 적어지는 경우도 생긴다. 연구 주제가 특수하여 연구 대상자들을 찾고 섭외하기가 매우 어려운 경우인데, 그런 경우는 최종 참여자의 인원이 2~3명까지 줄어들 수도 있다. 때로는 단지 한 명의 참여자로 연구를 진행할 수 있는지를 묻기도 하는데, 그런 경우는 참여자를 쉽게 찾을 수 있도록 주제를 조금 바꿔 보는 것이 나을 수 있다. 그러나 단 한 명만 참여가 가능한 경우도 있다. 이 경우는 연구 참여자가 사회적으로 유명 인사이거나 권위 있는 인물이면 단 한 명으로도 연구 자료가 충분히 많이 나올 수 있다. 반면, 연구자가 오랜 기간 정신분석 교육과 수련을 받았고, 임상 경험이 풍부한데 한 명의 내담자를 장기 상담한 경우는 사례연구 방식으로 내러티브 탐구를 해 볼 수도 있다.

참여자들을 모두 확정하고 나면 심층 면담을 진행하게 되는데, 전체 기간은 적어도 3~4개월 이상 잡고 연구를 진행을 하는 것이 좋다. 너무 짧은 기간에 인터뷰 작업을 마치려 하면 인터뷰 자료의 분량도 적어지고 내용의 질적인 면도 떨어질 수 있기 때문이다. 면담은 적어도 두세 차례 이상 진행하고, 그중 한 번은 참여자의 자택이나 일터로 방문하여 면담하는 것이 참여자의 삶의 경험을 이해하는 데 더 큰 도움이 된다. 면담 시간은 면담 횟수가 많을 경우는 1시간 정도로 하고 면담 횟수가 적을 경우는 1시간 30분에서 2시간 정도로 시간을 충분히 잡고 하도록 한다. 면담 일정도 연구 주제에 관해 충분히 생각할 수 있도록 적어도 1~2주 이상 시간 간격을 두고 하는 것이 바람직하다. 인터뷰 자료 외에도 면담 횟수가 부족한 경우는 이메일이나 전화 통화한 내용을 통해 자료를 보완하도록 하고, 그 밖의 현장 자료로 무엇을 추가로 수집하였는지, 자료의 유형과 수집한 방식에 관해서도 논문에 자세히 밝히도록 한다.

논문에서 참여자들을 소개할 때, 인물별로 한 명씩 소개하고 내용은 주제에 관해 제한시켜 내러티브 방식으로 짧고 간결하게 서술하도록 한다. 인물별 소개가 끝난 후에 참여자들의 인적 사항을 표로 정리하여 첨부하는 것이 독자가 참여자들을 이해하는 데 도움이 된다. 표에 들어갈 인적 사항은 성별과 연령, 거주 지역, 학력과 전공 분야, 직업과 경력, 가족관계, 종교, 심리적 성향, 문제나 갈등 유형 등이고, 연구 주제와 밀접한 내용만 선택하여 넣는다. 여기서 주의해야 할 점은 개인정보 보호와 관련된 내용의 경우, 신원이 노출될 수 있는 지역 도시명, 학교명, 직장명 등은 구체적으로 밝히지 않고 큰 단위만 밝히도록 한다. 이를테면, 경기도 또는 수도권, 고등학교 또는 대학교, 대기업 또는 중소기업 등의 방식으로 넣거나, 영어 대문자를 앞에 써서 익명 처리를 하도록 한다.

연구 참여자들의 경험 이야기는 인물별로 한 명씩 내용을 정리하여 제시하되, 먼저 시간성을 고려하여 참여자의 과거-현재-미래 이야기로 순서를 배열하고, 그다음은 연구 주제에 따라 내용을 발전시키며 구성해 나가도록 한다. 이렇게 두 가지 방식을 잘 통합하여 전체 내용을 다시 구성하고 내러티브 방식으로 전개한다. 참여자의 삶의 경험 이야기 중에서 어린 시절 경험이나 가족관계 경험 등 생애사에 해당하는 내용은 되도록 분량을 줄이고, 주제와 관련된 내용을 중심으로 넣도록 한다.

각 항목에 대한 제목을 정해 넣는데, 제목을 붙이는 방식은 자서전이나 전기물의 항목별 제목을 붙이는 방식을 참고하여 문학적이거나 은유적인 표현을 쓰되, 되도록 참여자의 표현 방식으로 표기한다. 내용 배열은 연구자의 설명문과 참여자의 인용문을 차례로 넣되, 어느 한 쪽의 분량을 너무 많이 넣는 것은 보기 좋지 않다. 다만, 논문 제3장은 참여자들의 경험 이야기를 위주로 한 현장 노트가 중심이므로 참여자들의 인용문이 설명문보다 많이 들어가는 것이 정상적이다. 그러나 길고 불필요한 내용의 인용문이나 인용문만 계속 연달아 넣는 방식은 피해야 한다.

참여자들을 인터뷰한 내용인 인용문은 연구자의 글이 아니므로 인용문 끝에 인터뷰한 날짜를 명기하고 인용 출처를 명확하게 밝히도록 한다. 인용문의 편집 형식은 좌우 여백을 두고 글자 크기를 본문보다 1포인트 작게 하여 본문과 쉽게 구별되도록 한다.

3) 연구 노트로 논문 작성하기

여기서는 연구 노트를 중심으로 논문 제4장의 내용을 작성하는 방식을 설명하고자 한다. 논문 제3장의 주된 내용이 되는 현장 노트가 연구 주제에 관한 참여자들의 경험 이야기라면, 제4장의 주 내용이 되는 연구 노트는 참여자들의 경험 이야기에 대한 연구자의 학문적 해석으로 다시 이야기하기라고 볼 수 있다. 다른 질적 연구에서는 이 부분을 참여자들의 인터뷰 자료에 대한 질적 분석이라고 부른다.

제3장의 구성이 참여자들의 인물별 전개라면, 제4장은 연구 주제에 의한 주제별 전개로 내용을 정리하여 구성한다. 주제별 전개는 서론에 제시한 연구 질문의 논지 구성과 제2장의 이론적 배경의 학문적 설명과 일관성 있게 서로 연결되어야 한다. 연구 결과에 대한 진술에서는 어떻게 하면 자신의 연구에서 주장하고자 하는 논지를 설득력 있게 전개할 것인가를 고민해야 한다.

주제별 항목의 전개에서는 논문 주제의 상위 영역과 하위 영역을 범주화하여 큰제목과 작은 제목을 체계적으로 정리해 나간다. 항목별로 참여자들의 경험을 대조하여 검토하고 마지막 부분에 연구자의 관점에서 다시 논지를 정리하고 학문적 의견을 제시한다. 앞의 제3장에서는 참여자들의 경험 이야기를 주로 인용하고, 학술 자료를 추가하여 인용할 필요는 없지만, 제4장의 연구 노트에서는 제3장과 반대로 필요하다면 학술 자료를 충분히 인용하고 참여자들의 인터뷰 자료는 꼭 필요한 부분 외에는 되도록이면 줄이도록 한다.

4. 논문의 결론 쓰기

이 부분은 논문의 마무리 단계로, 논문 전체를 요약하는 한편, 연구의 결론을 진술하는 부분이다. 이와 함께 자신의 연구 한계와 연결시켜 후속 연구를 위한 제언을 하게 된다.

요약을 기술할 때에는 연구의 목적과 함께, 연구 대상, 방법, 결과를 차례대로 간략한 문장으로 진술한다. 연구의 결론을 제시하는 경우 연구 결과를 바탕으로 하여 연구 문제로 다시 돌아가 답하는 방식으로 진술한다. 결론은 자신의 연구 범위 내에서 이루어져야 하며, 지나친 단정이나 논리적 비약이 있어서는 안 된다. 연구의 의의를 밝히는 부분에서는 연구의 학문적 의미, 중요성과 가치를 언급하고, 자신의 연구 결과가 어떻게 활용될 수 있는가를 설명할 수도 있다.

결론의 마지막 부분에는 연구의 한계와 연결시켜 후속 연구에 대한 제언을 할 수 있다. 여기서는 본론에서 철저히 밝히지 못했거나 앞으로 연구할 가치가 있는 문제점 제시, 즉 차후 과제에 대해 언급하기도 한다. 제언은 자신의 연구 결과 및 한계를 바탕으로 하여 구체적으로 진술되어야 한다. 연구에서 나타난 특이한 결과라든지 연구 과정에서 발견된 새로운 아이디어, 연구할 만한 가치가 있고, 연구로서 현실적 가능성이 있는 것이어야 한다.

내러티브 탐구의 실제: 사례 I*

– 한계수 –

1. 내러티브 탐구의 설계 단계

1) 내러티브 탐구라는 여행에 앞서

내러티브 탐구와의 개인적인 만남은 과거 2010년으로 거슬러 올라간다. 당시 필자에게 내러티브 탐구는 미지의 세계를 향한 여행과도 같았다. 그 여행을 위해 운전석에 앉았지만 어디로 가야 할지 분명하게 알지 못했다. 여행자들을 원하는 곳으로 정확히 안내해 주는 내비게이션과 같은 존재가 절실함을 느꼈다. 조심스럽게 방향을 잡고 출발하였지만, 가고 있는 길은 맞는지 다음 갈림길에서는 어느 방향을 택해야 할지 수많은 의문과 불확실성과의 고투가 따랐다. 길을 놓친 여행자가 한적한 길가에 정차하고 부리나케 지도를 검색하듯이 종종 가던 길을 멈추고 노선을 확인해야 하는 상황이 발생하였다. 가까스로 목적지에 도착한 후에야 전체적인 노정이 한눈에 들어왔고, 다양한 접근 방법과 아울러 그 과정에서 놓쳤던 아쉬

* 이 글은 한계수의 「기독교인 치매환자가족의 죄책감 경험에 관한 내러티브 탐구」(평택대학교 대학원 박사학위 논문, 2013)를 중심으로 하였고, 예시의 직접 인용에 사용된 논문은 저자의 허락을 받은 후에 사용하였다.

움을 경험하였다. 그래서 이후 짧지 않은 시간 동안 이러한 여행자들의 길동무가 되어 주는 작은 역할을 해 올 수 있었다.

한걸음 앞서 출발한 여행자가 자신의 실수의 흔적을 담고 있는 안내 지도를 넘겨주는 것이 요긴할지도 모르겠다는 마음으로 이 글을 작성하기 시작하였다. 한국에서 내러티브 탐구가 낯설었던 시기에, 특히 상담학 분야에 적용하였던 필자의 경험이 작게나마 도움된다면 좋겠다. 그런 마음으로 시행착오적인 경험을 공개할 용기를 내었다. 먼저, 내러티브 탐구를 설계하는 단계에서 고려해야 할 사항들을 살펴본 후에 논문 작성의 순서대로 간단한 이론과 실제를 소개할 것이다. 예시로 사용하는 논문은 모범이라기보다는 더 나은 탐구를 위해 생각하도록 돕는 경험 자료에 불과하다. 그리고 필자의 논문과 함께 저자의 허락을 받은 논문을 사용하였음을 밝힌다.

2) 방법론에 익숙해지기

내러티브의 역사는, 곧 인류의 역사와 궤적을 같이하지만, 내러티브 탐구라는 연구방법론의 역사는 그리 오래되지 않았다. 클랜디닌과 코넬리가 교육학 연구에 접목하여 발전시킨 내러티브 탐구 방법은 2000년에 발간된『내러티브 탐구: 교육에서의 질적 연구의 경험과 사례(Narrative Inquiry: Experience and Story in Qualitative Research)』를 통해 연구방법론으로 체계화된 이후 2013년에 발간된『내러티브 탐구의 이해와 실천(Engaging in Narrative Inquiry)』에 이르기까지 비약적인 학문적 성취를 이루었음에도 불구하고, 여전히 풀리지 않는 궁금증을 갖고 있는 낯선 연구 방법이다. 따라서 방법론에 관한 충분한 이해 없이 연구를 시작할 경우에 연구 과정에서

미로를 걷는 듯한 느낌으로 방황과 혼란을 경험하기 쉽다. '이것은 그저 관련 경험자들의 이야기 집적물에 지나지 않는 것은 아닐까?' '소설이나 수필처럼 보이는 이것을 논문으로 볼 수 있는가?' '이대로 계속 나가도 되는 걸까?' '보다 논리적이고 학문적인 체계를 보여야 하지는 않을까?' 등의 질문과 씨름하는 순간을 피할 수 없다.

내러티브 탐구를 수행하고 있는 연구자들로부터 가장 흔히 듣는 고충은 기존의 이론과 방법, 사고방식 등을 해체한 상태에서 시작하라는 것에 대한 이해이다. 이것은 마치 안개 속으로 들어서는 느낌과도 같다고 표현한다. 기존의 질적 연구 방법과 너무 다른 것에서 기인하는 어려움이다. 무엇이 이야기될지 모르는 모호함과 계속 변화해 가는 상황에서 현장 텍스트를 작성해야 하고, 일반화된 이론으로 귀결되지 않는 연구 텍스트를 쓴다는 것은 당황스럽기까지 하다. 필자 또한 그러한 경험을 하였으므로 내러티브 탐구 방법론에 관한 기본서를 꼼꼼히 읽으며 선행 연구들을 많이 접했다. 당시 내러티브 탐구 워크숍 기회가 부족하여 동일 연구방법론에 관심 있는 선후배들과 함께 공부하는 기회도 가졌다.

내러티브 탐구는 진행과 표현 양식에서 다양성을 추구하고 있으므로 연구자의 특성을 드러내며 얼마든지 새롭게 시도할 수 있다는 점이 매력적이다. 그러나 각각 다른 참여자로부터 고유한 경험을 다양한 형식으로 드러낸다는 면에서 낯선 과정임에는 틀림없다. 이러한 기대와 긴장을 동시에 가지고 출발해야 하는 탐구이지만, 그 여정의 끝에서는 우리 세계를 채워 가는 삶의 의미를 만날 수 있었다. 탐구 결과가 개인의 삶과 공동체를 지원하는 자원이 된다는 확신을 갖고 시작한다면 탐구자는 그 긴장감을 넉넉히 감당하게 되리라고 본다.

내러티브 탐구에 관한 기본적인 이론서로 다음의 책을 추천한다.

- Clandinin, D. J., & Connelly, F. M. (2000). *Narrative Inquiry: Experience and Story in Qualitative Research*. San Francisco, CA: Jossey-Bass Publishers. 소경희 외 공역(2007). **내러티브 탐구: 교육에서의 질적 연구의 경험과 사례**. 경기: 교육과학사.
- Clandinin. D. J. (2007). *Handbook of Narrative Inquiry: Mapping a Methodology*. Toronto: SAGE Publications Inc. 강현석 외 공역(2011). **내러티브 탐구를 위한 연구방법론**. 경기: 교육과학사.
- Clandinin, D. J. (2013). *Engaging in Narrative Inquiry*. Walnut Creek, CA: Left Coast Press, Inc. 염지숙 외 공역(2015). **내러티브 탐구의 이해와 실천**. 경기: 교육과학사.

선행 연구는 학술연구정보서비스(www.riss.kr), 한국내러티브교육학회(www.narrative-edu.or.kr) 사이트 등을 이용하라.

3) 내러티브 탐구 과정 한눈에 보기

지금부터 시작될 내러티브 탐구의 전 과정을 간략히 정리해 보면 다음과 같다. 각 단계에서 진행되는 사항들은 고정된 것이 아니라 상호 왕복하는 가운데 진전되어 가는 과정이다.

현장으로 들어가기
• 연구자 내러티브 작성하기 • 연구의 정당성 찾기 • 연구 퍼즐 고안하기 • 연구 계획 수립 및 승인받기 • 연구 참여자 모집 및 선정하기 • 연구 참여자들과 라포 형성하기

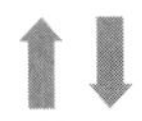

현장에서 현장 텍스트로 이동하기
• 면담 계획하기 • 면담 진행하기 • 현장에 머물기

현장 텍스트 구성하기
• 다양한 자료 수집하기 • 녹취록 전사하기 • 연구자 현장 노트, 연구 일지 작성하기

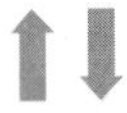

현장 텍스트에서 연구 텍스트로 이동하기
• 현장 텍스트 분석 및 의미 해석하기 • 현장 텍스트 추가 수집하기 • 중간 연구 텍스트 작성하기 • 연구 참여자와 협업하기

연구 텍스트 구성하기
• 연구 텍스트 작성하기 • 반응 그룹과 공유하기 • 연구의 정당성 찾기 • 최종 논문 마무리하기

4) 논문의 형식 구성하기

내러티브 탐구 방법으로 학위논문을 작성할 때는 미리 논문의 형식을 구성하고 단계별로 진행하는 것이 효율적이다. 다음의 예시를 통해 알 수 있듯이 탐구의 시작과 마무리가 일관성 있도록 구성한다. 즉, '서론~결론' '내러티브를 시작하며~내러티브를 마치며' '들어가며~나가며'와 같이 구성하는 것이 적절하다. 연구자의 자기고백적 내러티브의 존재는 내러티브 탐구의 독특한 성격이다. 연구자 내러티브 안에서 연구의 정당성이 표출되고, 연구의 필요성과 목적이 드러나면서 연구 문제(퍼즐)가 도출된다. 연구자 내러티브의 위치에 관해서는 탐구의 성격과 출발의 성격상 가장 먼저 나와야 한다는 의견이 지배적이다. 하지만 때로는 내러티브 탐구의 절차가 시작되는 현장으로 들어가기 단계에서 소개할 수도 있다. '연구'와 '탐구'라는 용어는 상호 교차적으로 사용 가능하다고 보며, 방법론적으로 '연구 문제'라는 용어보다는 '연구 퍼즐'이라는 용어의 사용이 권장되는 상황이다. 이론적 배경에서는 주로 선행 연구 고찰과 아울러 연구 대상에 관련된 배경 개념을 소개한다.

내러티브 탐구 논문에서 주로 사용하고 있는 형식은 다음에서 예시로 제시한 1, 2의 형태를 취하고 있다. 예 1)의 경우는 인문학적 논문의 형식에 내러티브 탐구 절차를 적용하여 탐구의 다섯 단계에 따라 진행 사항을 기술하고 있다. 여기서 현장 텍스트로 다루는 것은 수집된 모든 자료라기보다 중간 연구 텍스트와 같은 성격이다. 예 2)의 경우는 사회과학적 논문에 내러티브 탐구의 형식을 적용하였다.

필자는 내러티브 탐구의 여러 형식을 비교해 본 결과 예 3)과 같은 방식을 제안해 본다. 내러티브 탐구의 성격을 잘 드러낼 수 있는 용어를 사용한 구성이다. 연구자의 내러티브로 시작하여 내러티브 풀어내기와 경험의 의미를 밝히는 다시 이야기하기를 거친 후, 마지막 단계에서 연구 결과를 요약하고 연구의 의의를 밝힌 후에 자기 성찰적 내러티브로 마무리한다. 시작하는 연구자의 내러티브가 연구의 동기와 목적을 드러내는 것이었다면, 마지막 연구자의 내러티브는 연구 과정을 성찰하며 연구의 의미를 일인칭으로 서술하는 것이다. 어떻게 논문을 구성하는 것이 내러티브 탐구의 특성을 잘 드러낼 것인지를 고민하며 진행할 필요가 있다고 본다.

예 1)	예 2)	예 3)
Ⅰ. 서론 1. 연구의 필요성과 목적 2. 연구 질문 3. 용어 정리 4. 연구 방법	**Ⅰ. 서론** 1. 나의 내러티브 2. 연구의 필요성과 목적 3. 연구 퍼즐	**Ⅰ. 내러티브를 시작하며** 1. 연구자 내러티브 2. 연구의 필요성과 목적 3. 연구 퍼즐
Ⅱ. 이론적 배경	**Ⅱ. 선행 연구 고찰**	**Ⅱ. 이론적 배경/선행 연구 고찰**
Ⅲ. 연구 절차와 과정 1. 현장으로 들어가기 1) 연구자 내러티브 2) 연구 참여자 선정 과정 3) 자료 수집과 분석	**Ⅲ. 연구 방법** 1. 내러티브 탐구 2. 내러티브 탐구 절차 1) 연구 참여자 선정 기준 및 소개 2) 자료수집 과정 3. 연구의 신뢰성과	**Ⅲ. 연구 방법** 1. 내러티브 탐구 2. 내러티브 탐구 과정 1) 참여자 선정과 소개 2) 자료수집 과정 3. 연구의 윤리적 고려

4) 연구 참여자 소개 2. 현장에서 현장 텍스트로 3. 현장 텍스트 구성하기 1) 연구 참여자 ○○의 이야기 2) 연구 참여자 ○○의 이야기 3) 연구 참여자 ○○의 이야기 ……	타당성 4. 연구의 윤리적 고려	
Ⅳ. 연구 결과 1. 현장 텍스트에서 연구 텍스트로 2. 연구 텍스트 작성하기: 다시 이야기하기	**Ⅳ. 연구 결과** 1. 참여자 ○○의 내러티브 2. 참여자 ○○의 내러티브 3. 참여자 ○○의 내러티브 ……	**Ⅳ. 내러티브 풀어내기** 1. 참여자 ○○의 내러티브 2. 참여자 ○○의 내러티브 3. 참여자 ○○의 내러티브 ……
Ⅴ. 결론 1. 요약 2. 연구의 함의 3. 제언 1) 연구의 한계점 2) 제언	**Ⅴ. 결론 및 논의** 1. 결론 2. 논의 3. 한계점과 제언	**Ⅴ. 다시 이야기하기:** ____ 경험의 의미
		Ⅵ. 내러티브를 마치며 1. 요약 2. 연구의 의의 및 제언 3. 내러티브 탐구를 통한 반성적 성찰

5) 내러티브 글쓰기 팁

내러티브 탐구 방법으로 상담학 논문을 쓸 때, 글쓰기와 관련하여 유념해야 할 몇 가지 사항이 있다. 내러티브 탐구는 다른 논문들과는 달리 객관적인 글쓰기와 주관적인 글쓰기가 공존한다. 언뜻 보아도 '내러티브'라는 말이 주관성을, '탐구'라는 말이 객관성을 담보한 것으로 보인다. 그러나 내러티브 탐구자들은 주관적인 글을 쓸 때 자유롭지 못하고, 논문에 대한 확신이 떨어지는 것을 경험한다. 그것은 기존의 사회과학 연구에서 규정한 과학적이고 객관적인 글이 논문답다는 고정관념 때문이다. 내러티브 탐구는 연구 대상과 거리를 두고 연구 과정에서 연구자 자신을 지우는 실증주의 패러다임이 아니다. 오히려 연구자 자신이 연구 속으로 들어가 연구의 대상이 되기도 하는 방식이다. 그러므로 주관적인 글쓰기를 두려워하지 말아야 한다.

내러티브 표현에서도 서술과 묘사를 적절히 사용하는 것이 효과적이다. 서술은 사건이나 생각 따위를 차례대로 진술하는 방식이며, 묘사는 어떤 대상을 비유나 이미지화하여 구체적으로 기술하는 방식이다. 사물의 정황을 내재화하면서 대상의 특성을 그려내는 묘사는 상담학 관련 내러티브 탐구에서 유용한 표현이다. 연구자는 자기고백적 내러티브나 현장 일지를 쓸 때도 묘사를 사용하여 의미를 더 풍부하게 할 수 있다. 또한 연구 참여자의 이러한 표현에 주목한다면 경험의 의미가 좀 더 구체적으로 탐색될 수 있을 것이다.

모든 글쓰기에 공통적으로 적용되는 사항은 간결하고 쉬운 문장을 쓰는 것이다. 한 문장이 50자 이상을 넘지 않는 것이 좋으며, 주술 관계가 중첩되는 긴 문장은 나누어 쓰도록 한다. 무엇보다 문법적으로 바른 문장이 되게 한다. 가장 흔히 드러나는 비문의 문제는 주어와 서술어가 일치하지 않는 것이다. 문장에서 주어와 서술어를 찾아 서로 호응이 되는지 반드시 살펴보아야 한다. 예를 들면, '우리 어머니께서 하신 말씀이 서로 도우며 살라고 강조하셨다.'라는 문장에서 주어 '말씀이'와 서술어 '강조하셨다'는 서로 충돌한다. 그러므로 '우리 어머니께서는 서로 도우며 살라고 강조하셨다.'라고 쓰는 것이 바른 문장이다. 그러나 연구 참여자의 말을 인용할 경우는 문법에 맞는 여부와 상관없이 그대로 사용해야 한다. 한 사람의 표현 방식은 그 사람을 이해하는 주요한 정보이자 통로가 되기 때문이다.

글에서 단락을 나누는 것은 내용과 형식의 일치라는 측면에서 중요하다. 단락은 내용적 단위체이므로, 한 가지 소주제와 그에 대한 부연 설명을 중심으로 묶는다. 단락을 적절히 구분하는 것은 독자의 가독성을 높이는 것임과 동시에 의미를 혼동 없이 명확하게 전달하는 효과가 있다. 한 단락의 길이가 너무 길지 않게 쓰는 것이 좋다.

6) 관계적 공간 이해하기

내러티브 탐구를 설계하는 단계에서부터 주목해야 할 것은 바로 관계적 특성이다. 내러티브 탐구자는 연구 밖에서 수집된 자료를 분석해 내는 객관적인 존재로만 머물지 않는다. 연구자는 탐구의 주체이자 동시에 연구 가운데 존재하며 탐구 현상의 일부가 된다(Clandinin, 2015, p. 36). 내러티브 탐구는 연구자와 참여자가 관계적 공간을 만들고 그 안에서 서로 삶의 일부가 되어 관계적 삶을 함께 살아가는 연구이다. 내러티브 탐구에서 가장 많이 사용하는 접근 방법이 참여자와의 면담이지만, 이것보다 먼저 이루어져야 하는 것이 참여자들과 함께하는 것이다. 결국 내러티브 탐구란 삶의 경험에 대한 것이므로, 많은 시간이 필요하며 어려운 과정일지라도 참여자와 함께하는 것에서 시작해야 한다.

필자도 이러한 사실을 인식하고 참여자들에게 정보를 캐는 성급한 자세를 취하기 전에 관계 맺기 과정을 갖고자 하였다. 먼저 자신의 경험을 기꺼이 공개하면서 참여자들과 라포를 형성하였고, 참여자가 원하는 시간과 장소에 함께 충분히 머무르고자 하였다. 모든 만남이 의무적이 되지 않도록 배려하였고, 경직되지 않고 자유로운 분위기가 되도록 세심하게 이끌었다. 연구자와 참여자가 함께 이야기를 하고, 다시 이야기하고, 이야기한 삶을 살아가기 시작하기까지의 과정을 함께해야 했다. 이렇듯 연구를 설계하는 단계부터 연구자와 참여자는 상호 협력적이어야 한다는 관계성의 인식은 매우 중요하다.

그동안 내러티브 탐구 과정을 관찰하면서 발견한 관계성의 문제를 몇 가지 소개하고자 한다.

- **연구자 P**: 지극히 예민한 주제를 가지고 내러티브 탐구를 설계하고 참여자를 모집하였다. 객관적 입장을 견지하는 연구자는 구체적인 설문지를 만들어 면담을 시도하였다. 조사자와 같은 태도의 연구자 앞에서 피검자가 된 듯한 느낌의 참여자들은 방어적인 태도를 보였다. 예민한 사항에 이르자 결국 연구 참여를 철회하는 자들이 나타났다.
- **연구자 S**: 어렵게 소개받은 참여자와 물리적인 거리가 너무 멀었다.

따라서 최소한의 만남으로 장시간 면담을 진행해야 했다. 시간이 지남에 따라 참여자는 지치고 피곤한 기색이었고, 점차 단순하게 대답하거나 별다른 경험이 없다는 반응을 보였다. 또 다른 참여자의 경우는 면담이 어려운 상황이라며 설문지에 답을 써서 보내는 방식을 취하기도 하였다. 참여자들의 경험이 충분히 드러나지 못하였고, 경험의 연속성 결여와 함께 그 의미를 찾는 데 어려움을 겪었다.

- **연구자 K**: 투병 경험에 관한 내러티브 탐구를 시작하면서 자신의 경험을 드러내길 꺼려하는 참여자들에게 먼저 자기의 병력을 공개하였다. 주 3회 운동을 함께하며 참여자들의 삶의 현장에 충분히 머물렀고, 개인적인 유대감을 강화해 갔다. 특히 병원에서 만난 지방 거주 참여자와는 여러 차례 방문하여 종일 머무르며 삶을 공유하였다. 그 외에도 매일 블로그를 통해 소통하는 가운데 경험을 나누고 다시 이야기하는 과정을 이어 갔다. 연구자와 참여자 모두가 새로운 이야기를 찾아 출발하는 삶의 모습이 드러났다.

2. 서론: 내러티브의 시작

1) 연구자의 이야기

내러티브 탐구를 시작할 때 연구자가 가장 먼저 던져야 할 질문은 이 연구에서 '나는 누구인가'에 대한 것이다. 자신이 누구인지 아는 것이 연구 퍼즐을 명확하게 하고, 연구의 정당성을 찾을 수 있게 한다. 내러티브 탐구는 '관계에 관한 연구'이며, 연구자는 현재 전경과 과거 전경의 일부가 될 뿐 아니라 탐구가 진전됨에 따라 연구 대상이 된다. 그러므로 내러티브 탐구의 출발이 연구자 자신으로부터 비롯된다는 확인은 매우 중요하다(Clandinin, 2015, p. 118).

내러티브 탐구에서 연구자가 가장 먼저 시작하는 일은 자기 내러티브를 쓰는 것이다. 이것은 내러티브 탐구만이 가진 고유하고도 특별한 형태이다. 자기 내러티브를 쓴다는 것은 자신을 공개해야 하는 용기와 함께 자신의 삶을 눈물로 마주해야 할 만큼 고된 작업이다. 시간을 거슬러 올라가 그때 그 사회 속에서 자신의 개인적 경험을 탐구하는 것으로 시작하여 현재에 이르기까지의 자기 삶을 추적하는 여정이 되기 때문이다.

자기 내러티브는 연구자의 주요 관심 대상이 소개되면서 연구의 동기를 드러내지만, 때로는 연구자의 삶 속에 오랫동안 자리했던 미해결 과제와 숨겨진 아픔과 상봉해야 하는 곳이기도 하다. 치매환자 가족으로서의 죄책감을 경험한 필자는 탐구를 시작하면서 다음과 같은 연구 일지를 썼다. 오랫동안 외면해 온 미해결의 심리적 과제가 용수철처럼 잔뜩 눌려 있다가 튀어 오르는 듯한 느낌을 표현하였다.

벽장 속에서 오랜 잠을 자던 먼지 덮인 상자를 열듯, 그동안 고이 닫아 두고 봉인했던 내 기억 상자의 먼지를 턴다. 외면하면 사라질 것 같았던 그 실체가 그동안 없는 듯 숨죽여 있더니만, 이제는 누르면 펄떡 뛰쳐나올 것처럼 거기에 있다. 언젠가는 정직하게 대면해야 할 기억 저편의 감정을 이제 만나기 위해 봉인을 뗀다. 내 이야기 속에 저들이 들어오고, 저들의 이야기 속에 내가 들어가리라. 저들의 입을 통해 나오는 말들은 어쩌면 오랫동안 내 안에 살아 있었던 것이기도 하겠지. 마음과 마음이 해후하는 과정 속에서 인생의 길동무가 되는 여행을 시작하련다. (연구 일지 2011. 10. 24.)

내러티브 탐구는 이렇게 힘겨운 자기 대면의 과정을 포함하지만, 결국 우리 세계를 의미로 채우며 자신과 공동체의 삶을 지원한다는 가치를 지닌다. 이러한 목적을 위하여 연구자는 기꺼이 자신을 오픈하고 개인사를 말하는 이 과정을 감당할 수 있어야 한다. 내러티브 탐구가 타자에 관한 탐구에 머문다면 관계의 경험을 탐구하는 특성을 상실하는 것이다. 그러므로 내러티브 탐구자는 과감히 '나'라는 1인칭 주어를 사용하며 자기 내러티브를 풀어냄으로써 탐구를 시작해야 한다.

자기 내러티브는 연구자에 따라 '나의 이야기' '연구자 내러티브' '탐구를 시작하며' '내러티브의 시작' 등의 표현을 사용한다. 이것은 마지막 단계인 다시 이야기하기 단계와 조화를 이룰 수 있는 표현으로 선택하는 것이 좋다. 자기 내러티브는 자서전적으로 시간 순서에 따라 표현하는 것이 일반적이다. 그 출발점은 탐구의 목적과 관련하여 이해를 도울 수 있는 시점으로 선택할 수 있다. 자기고백적으로 서사를 이어가되 자유롭게 다양한 표현 방식을 시도할 수 있다.

예1 나의 이야기

1) 뒤늦은 회한

지금도 잊히지 않는, 나의 뇌리에 각인되어 있는 한 날로부터 나의 이야기는 시작된다. 수년 전의 늦여름, 이른 저녁 식사를 마친 우리 내외는 어슴푸레한 가로수 길을 따라 산책을 즐기고 있었다. 가끔씩 불어오는 산들바람이 한낮의 열기를 식혀 주고 있었지만, 이미 그 속에는 가을 내음이 묻어 있던 때였다. 느릿느릿 이어지는 걸음에 두런두런 나누는 이야기는 어디선가 들려오는 풀벌레 소리와 함께 정겹고도 여유 있는 풍경을 연출하고 있었다.

그러나 우리가 누리던 평화는 오래가지 못했다. 자전거를 몰고 숨을 헐떡이며 다가온 아들, "엄마, 엄마!" 숨을 헐떡이느라 말도 제대로 잇지 못하는 전령은 까맣게 잊고 있던 우리의 처지를 일깨웠다. "할머니, 할머니가 쓰러지셨대요! 병원에 실려 가셨는데 의식이 없으시대요!" 그제야 퍼뜩 살아나는 것이 우리가 치매 부친을 두고 있는 장남 내외라는 사실이었다. 이어 꼬리를 물고 다가오는 것은 심한 자책감이었다. 지금이 어느 때인데, 우리가 어떤 처지인데 이렇게 한가로이 즐기고 있었단 말인가? 고향에 계신 팔순을 넘기신 노모는 팔순의 아버님을, 치매를 앓으시며 거동마저 불편하신 분의 수발을 감당하고 계시는데, 장남 내외인 우리는 이렇게 산책이나 즐기고 있었다니…….

지난번 찾아가 뵈었던 모습이 오버랩되어 다가왔다. 평생 아버님께 큰소리 한번 내지 못하시던 어머님이 한밤중에 용변을 치우시며 내시던 높은 톤의 목소리, 이어지던 한탄 소리가 귓가를 맴돌았다. '진작, 진작 손을 썼어야 했는데…….' 어머님이 힘드신 것을 뻔히 알면서도 "내 할 일이지 누구에게 맡기겠냐?" 말씀하시는 대로 그저 받아들이기만 했던 그 무심함이라니……. 허겁지겁 고향

길을 재촉했던 그날 밤, 맏며느리인 내게도 장남인 남편에게도 자책은 죄책이 되어 무거운 침묵만이 차 안을 내리누르고 있었다.

……

어머님의 "괜찮다, 괜찮다." 하시는 말씀은 다시 자녀들에게 보호막이 되었고, 무심한 자녀들은 못이기는 체하며 각자의 삶에 바빴다. 그렇게 모든 짐을 어머님께 넘기고 살던 우리에게 어머님이 쓰러지신 소식이 날아온 것이다. 깨어나실 수 있을지, 깨어나더라도 어느 정도 회복하실 수 있을지, 고향을 향해 달려가는 걸음에야 비로소 어머님이 감당해 오신 부담의 무게만큼 우리의 무심함이 느껴졌다. 입을 꾹 다문 채 앞만 응시하는 남편이나 그 옆에서 할 말을 잃은 나, 뒷좌석의 아이들마저 침묵의 무게를 견디다 못해 잠에 떨어져 있었다.

결국 어머님은 수술 후에 깨어나지 못하셨다. 부고를 받는 친척들은 모두 "아버님이 아니고 어머님이?"라고 반문했다. 순서가 있다면 아버님이 먼저라고들 생각했던 모양이다. 밤마다 용변을 받아 내고 치우고 씻기던 노부(老婦)의 손길은 평생을 수발하던 그 남편마저 잠든 한낮에 멈추고 말았다. 홀로 앞장서 자식들의 바람막이가 되어 주었건만, 어느 자식 하나 없는 상황에서 한마디의 위로나 감사도 듣지 못한 채 홀로 떠나신 것이다. 장례를 치르면서 눈물을 삼키던 남편은 집에 돌아와 기도를 드리며 통곡을 하였다. 그 모습을 옆에서 지켜보는 내게도 죄인된 느낌이 몰려왔다.

우리는 오래 슬퍼할 새 없이 남겨진 과제, 아버님을 모시는 일을 준비했다. 집에서 모시는 것도, 시설을 이용하는 것도, 다 용이치 않았다. 결국 지인을 통해 소개받은 기독교 요양시설에 아버님을 모시게 되자 장남이면서도 집에서 모시지 못하는 죄스러움을 짊어지게 되었다. 시설을 방문할 때마다 늘 비몽사몽하시던 아버님은 욕창을 이기지 못하신 채 7개월 후에 어머님의 뒤를 따라가셨다.

일 년 안에 부모님 장례를 두 번 다 치르면서 장남 내외인 우리에게 남겨진 것은 무거운 죄책감이었다. 치매 아버님을 노모의 수발에 맡겨 두고 "괜찮다, 괜찮다." 하시던 말씀을 믿었던 것, 아니 믿고 싶어 했던 것인지도 모를 그 일에 대한 뒤늦은 회한, 홀로 되신 아버님을 시설에 모시고 결국은 욕창으로 고통당하셨던 사실 모두가 우리의 불찰이 되어 두고두고 마음을 눌렀다…….

2) "치매를 부탁해!"

신경숙의 소설 『엄마를 부탁해』는 생일상을 받기 위해 상경하다 서울역 지하철에서 동행하던 남편을 놓친 뒤 실종된 치매 엄마를 찾는 가족의 아픈 이야기이다. 엄마를 잃어버린 뒤에야 평생 가족을 위해 헌신과 배려로 고단한 삶을 살아온 엄마에 대해 뒤늦은 회한을 쏟아 내며 참회의 시간을 펼치는 가족의 모습을 그리고 있다. '세상 모든 자식의 원죄에 대한 이야기, 엄마에게 기대며 동시에 밀어낸 우리 자신의 이야기'이자 '엄마를 잃어버린 것'이 아니라 '엄마를 잊어버린 것'에 대해 자녀들이 올리는 처절한 고해성사이기도 하다. 소설 속에서 고해는 큰딸, 큰아들 그리고 남편으로 이어진다. 그런데 고해의 주체가 '나'라는 1인칭 대명사를 사용하지 않고 '너' '그' '당신'이라는 2인칭과 3인칭으로 불리며 옮겨 가고 있다. 특히 작가의 분신이자 '내포 작가'이기도 한 '너'의 자리가 '그'와 '당신' 속에 매개되고 간접화되면서 소설 속에 숨어 있다. '너'와 '그' 그리고 '당신'에게 시도 때도 없이 솟구치는 기억들은 상실의 환기이며, 자책과 후회로 점철되는 통절의 시간이다(신경숙, 2008, pp. 284-288).

> 너는 엄마를 잃어버렸다는 얘길 처음 듣자마자 어떻게 이렇게 많은 식구 중에서 서울역에 마중나간 사람이 한 사람도 없느냐고 성질을 부렸다.
> – 그러면 너는?
> 나? 너는 입을 다물었다. 너는 엄마를 잃어버린 것조차 나흘 후에나 알았으니까.
> 너의 가족들은 서로에게 엄마를 잃어버린 책임을 물으며 스스로들 상처를 입었다. (16쪽)

> 엄마가 아버지와 함께 지하철을 타지 못하고 낯선 지하철역에 홀로 남겨진 그 시각에 나는 뭘 했는가? …… 나는 뭘 했는가? 그는 고개를 떨구었다. (99쪽)

> 당신은 이제야 아내가 장에 탈이나 며칠씩 입에 곡기를 끊을 때조차 따뜻한 물 한 대접 아내 앞에 가져다줘 본 적이 없다는 것을 깨달았다. (171쪽)

'너'도 '그'도 '당신'도 모두 잃어버린 자를 추억하고 그 기억 끝에 어김없이 통렬하게 찾아드는 후회들과 만나고 있다. '너'를 부르는 그 빈자리는 다 주고도 오히려 미안해하는 사라진 자의 몫이기도 하고, 자신을 고발하는 내 안의 나이기도 하다. 또한 질타가 섞여 있는 세상의 시선이기도 하며, 그 앞에서 숨을 수 없는 절대자의 면전이지도 않을까? 남겨진 자들은 끊임없이 찾아드는 죄의식으로 자신을 탓하고 상대를 공격하며 불가능한 갈망에 휩싸이기도 한다.

……

나의 개인적인 경험과 이 소설의 만남은 내 안에 앙금처럼 가라앉아 있던 죄스러움을 불러일으켰다. 어쩌면 작가는 '너'라는 2인칭을 사용하면서 독자 스스로 자기기만의 껍질을 벗도록 흔들어댔는지도 모르겠다. 나는 부모를 잊은 자로 고발당하는 느낌을 받았다. 그리곤 내 부모를 기억하는 마음으로 치매에 눈을 돌렸고, 동지를 찾는 마음으로 치매 가족에 대해 관심을 갖기 시작하였다.

인간은 이 땅에 사는 동안 자연적인 질서에서 벗어날 수 없는 존재이다. 세월의 흐름에 따라 인생의 가을은 찾아오고 노화의 과정은 피할 수 없게 된다. 기대 수명이 늘어난다는 것은 노년기가 연장되는 것이고, 이는 더 많은 치매 가족의 발생을 의미한다. 공적제일주의와 효용가치를 내세우는 현대세계의 사고방식과 가치관은 치매 환자들의 삶을 무용화(無用化)한다. 치매 가족들은 부모 생전에 매일매일 받아 내야 하는 무거운 짐과 부모 사후에도 마음속에 회한의 침전물을 짊어지고 산다. 이러한 죄책감의 문제를 어떻게 받아들이고 해결해 나갈 수 있을지 질문해 보기로 했다. 그런 과정의 한 부분으로 본 연구를 시작하게 되었다.

—한계수, 「기독교인 치매환자가족의 죄책감 경험에 관한 내러티브 탐구」
(평택대학교 대학원 박사학위 논문, 2013)
연구자 내러티브 중에서—

예 2 연구자 이야기

2015년 8월, 나는 내 인생의 대전환기를 맞이하였다. 내 나이 63세에 난데없이 파킨슨병이라는 진단을 받게 된 것이다. 나는 몹시 당황하여 무엇을 어떻게 해야 할지 몰랐다. 인터넷으로 병의 증상과 예후를 알아보고, 의사의 소견을 듣는 게 할 수 있는 일의 전부인 것 같았다. "이 병의 예후는 천차만별이라서 꼭 이렇게 된다고 말하기는 어렵다."라는 게 의사의 소견이었다. 다만 "명대로는 산다."라는 말이 그나마 위안이라고나 할까? 의사는 처음 진단을 내릴 때부터 모든 일상생활을 전과 같이 하라고 했다. 그렇지만 나는 나의 병을 받아들이기가 힘들었다. 일상의 모든 일에서 손을 놓은 채 넋 놓고 시간을 보냈다.

그러다가 문득 정신을 차린 것은 내 인생과 집 안 정리를 다 할 수 없을지도 모른다는 생각 때문이었다. 이러다 덜컥 걸음도 못 걷고 손발도 떨리면 어떡하겠는가? 하루하루가 바쁘고 한시가 급하다는 생각이 들었다. 일을 할 수 없을 때를 대비해야 한다는 생각이 나를 일으켰고 서둘러 집 안 정리부터 시작했다.

먼저, 책장과 옷장을 정리했다. 보지 않는 책들과 입지 않는 옷가지들은 모두 버렸다. 오래되어 낡은 살림살이와 이부자리들은 새것으로 교체하였다. 사진 정리도 큰 일거리였다. 영정사진으로 사용할 사진을 골라 아들 컴퓨터에 입력했다. 딸을 시집 보내는 친정어머니의 심정처럼 모든 것에 다 신경이 쓰였다. 이렇게 정리하는 데 꼬박 1년이 걸렸다.

이와 동시에 나는 꽃을 가꾸기 시작했다. 남쪽 베란다에는 햇빛을 좋아하는 꽃을, 북쪽 베란다에는 그늘진 곳을 좋아하는 꽃으로 채웠다. 새싹이 피어나는 것을 보며 나의 어린 시절을 떠올렸고, 꽃이 피기까지의 과정 속에서 내 인생의 여정을 돌아보았다. 베란다가 계절 따라 새로운 꽃으로 채워져 가듯이 내 마음도 그렇게 채워져 갔다. 매일 두 시간 정도씩 꽃과 더불어 지내며 조용히 기도했다.

"하나님, 오늘 이렇게 싱싱하고 예쁜 꽃잎도 하루하루 지나니 시들어 떨어집니다. 저의 몸도 이와 같이 나날이 사그라져 언젠가는 볼품없는 모습이 되겠지요. 제게 그것을 감당할 수 있는 힘을 주옵소서."

집 안 정리를 끝낸 나는 그동안 소원했던 일가친척들을 챙기기 시작했다. 경조사에 부지런히 참석할 뿐 아니라 일부러라도 찾아가 만나려고 노력했다. 그리고 살아오면서 가장 많은 신세를 졌던 분을 생각해 보았다. 바깥일을 하는 엄마를 대신해서 내가 초등학교 때부터 결혼하기 전까지 우리 남매를 돌보고 집안 살림을 도맡아 준 아주머니가 떠올랐다. 참으로 오랜만에 나는 아주머니께 전화를 했다. 내가 결혼하고 자녀를 길러 보니 아주머니의 노고를 알 것 같다며 감사 인사를 드렸다. 아주머니는 고맙다며 기뻐하셨다. 아주머니께 감사의 마음을 담아 선물을 보내고 나니 그렇게 기쁠

수가 없었다.

그러고 나니 비로소 돌아가신 어머니께 감사의 마음이 생겼다. 나는 어머니와 함께한 시간이 부족했기 때문에 늘 아쉬운 마음이 었다. 초등학교 6학년 때 친구 집에 공부하러 간 적이 있었다. 돌계단을 올라가 대문을 들어서면서 하얀 앞치마를 두르고 부엌에서 나오는 친구 어머니를 보았다. 하늘에서 천사가 내려오는 것 같았다. 너무나 부러운 마음으로 쳐다보았던 기억이 아직도 살아 있다. 그러나 이제 생각하니 어머니가 아주머니를 집 안에 들인 것이 우리를 위한 일이었고, 어머니는 결국 어머니의 일을 다하신 셈이었다. 솜사탕을 아무리 먹어도 배부르지 않듯이 어머니의 사랑에 배고파했던 나의 마음이 이제는 얼마간 채워지는 느낌이었다. 갑자기 내 마음 깊은 곳에서부터 어머니를 부르는 소리가 올라왔다. 투병 생활을 통해 나는 비로소 돌아가신 어머니와 화해를 하였다.

긴 정리 기간을 마치고 나니 숙제를 끝낸 학생처럼 마음이 홀가분했다. 어디로 여행을 떠나도 될 것 같은 기분이었다. 나는 목숨이 다할 때까지 이 병과 함께 가야 한다. 세월의 흐름도 신체의 노화도 막을 수 없고, 또한 이 병의 진행도 막을 수 없다. 오직 나의 마음을 바꾸고 살아야 한다. 이왕에 그럴 거라면 오순도순 얘기를 주고받는 부부처럼, 친구와 손잡고 여행하듯이 이 병과 친하게 지내면서 살아가리라 마음먹는다. 이제 여생을 모든 이에게 감사하며 용서를 비는 마음으로 살아가리라. 그윽한 눈길과 부드러운 목소리로 다독이며 살아가리라. 나 없는 세상에서 춥지 않고 외롭지 않도록 못다 한 사랑을 베풀어 주리라 다짐한다. 하루하루를 귀하게 여기며, 몸은 비록 병들었으나 마음만은 날마다 새로운 꽃이 피듯이 아름답고 향기롭게 살아가리라. 그리하여 언젠가 부르실 때 그분 앞에 가뿐히 나아가리라. 마음에 깊은 감사를 채우고 의연히 살아가는 나를 그려 본다.

내 인생에서 이 질병은 참으로 예기치 않았던 만남이다. 그러나 3년에 불과한 짧은 투병 기간 속에서 나는 이전에 몰랐던 새로운 경험과 특별한 깨달음을 경험하고 있다. 특별히 이 연구를 시작하면서 이 질병은 내게 있어 새로운 세계로 들어가는 입문 과정이 되고 있음을 느낀다. 나의 인생을 주님 앞에서 겸허히 돌아보며 정리하는 기회가 될 뿐 아니라 같은 고통 가운데 있는 자들을 귀히 여기며 작게나마 손을 내밀 수 있는 마음이 되었다. 환우들과의 만남과 연구 참여자들과의 대화 속에서 나는 이제까지 나를 준비시키신 분의 세미한 음성을 듣고 있다. 환우들의 아픔을 진정으로 공감하는 가운데 그들의 인생에서 참된 의미와 소망을 발견하고 감사로 마무리하는 일들을 돕는 자로 서고 싶다. 나 역시 그 길을 가는 자로서 진정한 동무가 되어 함께 가는 자가 되기를 꿈꾼다.

—김정숙, 「파킨슨병 환자의 투병 경험에 관한 내러티브 탐구」
(평택대학교 대학원 박사학위 논문, 2018)
연구자 내러티브 중에서—

연구자 내러티브는 주로 탐구의 동기가 된 개인적인 사건으로부터 시작한다. 필자의 경우는 죄책감을 갖게 된 시작점과 그것이 탐구의 계기가 된 소설과의 만남을 소개하였다. 연구의 출발점이 된 지점의 시간성, 관계성, 장소를 포함한 심리적 상황을 표현하고자 다소 구체적인 서술로 시작하였다. 사례 2는 파킨슨병 진단을 받은 후의 당혹감이 그 출발점이 되고 있다. 연구자들은 용기 내어 자기 고백을 하며 동일한 경험의 현장으로 찾아 들어가는 첫걸음을 보인다. 자기 내러티브를 통해 탐구의 동기와 함께 지향점, 탐구 과정에서 상호 협력적 관계의 중요성을 알 수 있다.

연구자 내러티브의 분량은 어느 정도가 적당할까? 홍영숙에 의하면 연구자 내러티브를 주제 경험과 관련하여 기술하되 최소 10장 이상 충분히 쓰라고 한다. 연구자가 자신의 경험을 지속성과 상호작용, 상황이 드러나도록 기술하려면 간략한 요약으로는 부족하다는 견해이다. 연구의 퍼즐과 연구의 정당성, 연구 참여자 선정 기준을 세우기 위해서는 연구자가 자신의 경험을 3차원적 내러티브 탐구 공간에서 충분히 탐색할 필요성이 있다(홍영숙, 2015, p. 12). 자기 내러티브를 통과 의식인양 형식적으로 다루거나 생략하는 것은 연구의 정당성과 의미 탐색에 제한을 가져오기 때문이다. 자기 내러티브를 충실히 작성하는 것부터 연구자는 탐구 공간 안에 존재하기 시작하는 것이고, 나아가 탐구의 과정과 결과에 동참하게 된다. 특히 상담학 관련 내러티브 탐구에서 자기 내러티브는 매우 의미 있는 작업이다. 시작의 자기 내러티브와 마무리의 반성적 내러티브는 연구자에게 자기 성찰과 성숙의 기회가 될 수 있다.

한편, 연구자 내러티브의 위치와 분량에 대해 유연하게 적용할 부분은 있다. 논문의 서두에 연구자 내러티브가 위치하는 것이 연구자의 주관적인 경험을 너무 앞세우는 인상을 줌으로써 학위논문의 심사 과정에서 그 위치 이동을 요청받는 경우가 발생하기도 한다. 이러한 경우 내러티브 탐구의 절차에서 현장으로 들어가는 단계에 넣는 것이 학문적인 검증을 원하는 심사위원들의 요구를 충족할 수 있다고 본다. 또한 연구자 내러티브를 충분히 쓰는 것은 연구자의 정체성과 연구 문제의 탐색에 매우 유익하지만, 많은 분량을 그대로 논문에 넣을 때 장황하고 산만하거나 부적절한 내용처럼 느껴질 수가 있다. 그러므로 현장 텍스트를 연구 주제 중심으로 취사선택하듯이 연구자 내러티브도 논문에는 적절한 분량으로 정리하여 넣어야 심사위원들의 긍정적인 반응을 얻는 데 효과적이다.

2) 연구의 필요성과 목적

논문의 서론에서 연구자 내러티브에 이어 다루는 것은 연구의 필요성과 목적에 관한 것이다. 연구자 내러티브가 주로 개인적 경험과 주관적 관점에서 연구의 동기를 드러낸 것이라면, 이제부터는 객관적 입장에서 연구의 필요성을 서술한다. 자신에게 집중했던 시선을 이동하여 타인의 경험에 주목하며 탐색의 범위를 확장하여 간다. 실제적이고 사회적인 관점에서 연구의 정당성을 예견해 보는 것이다. 클랜디닌은 연구자에게 지속적으로 "So what?" "Who cares?"의 두 가지 질문을 던지라고 주문하였다(Clandinin, 2015, p. 53). 이것을 좀 더 구체적으로 바꾼다면 "이 연구는 왜 우리에게 중요한가?" "이 연구가 실천에 어떤 변화를 가져올 수 있는가?" "이 연구가 이론적으로나 사회적으로 기여할 수 있는 점은 무엇인가?" 등의 질문이 될 것이다. 이러한 탐구의 목적과 정당화의 문제는 연구 설계의 시작 단계부터 고려되어야 하고, 연구의 진행 단계 내내 탐색되다가 마지막 연구 텍스트에서 분명히 발견되어야 한다.

연구의 필요성에 대하여 기술할 때, 앞서 작성한 연구자의 내러티브와 급격히 다른 양상을 보이는 경우가 많다. 주로 양적 연구의 목적과 관련되어 나타나는 일반화와 효과 검증, 시사점이나 개선책의 제시, 공통점과 차이점 분석 등을 연구의 필요성이나 목적으로 기술하는 것이다. 이에 대해 홍영숙은 오랜 기간 길들여진 양적 연구의 무의식적 작동이라고 평가하며 주의할 것을 요청하였다(홍영숙, 2015, p. 13). 내러티브 탐구에서는 본래 목적인 개별 인간 경험에 대한 이해에 더욱 집중해야 한다. 그러므로 연구의 필요성과 목적을 기술할 때 인간의 경험에 주목하여 이해를 확장하고 의미를 찾아가는 것에 초점을 두어야 한다. 이러한 방향성을 추구하여야 마침내 탐구의 결과로서 개인적, 실제적, 사회적 측면에서의 정당성을 확보할 수가 있다.

필자의 경우 연구의 필요성과 목적을 기술함에 있어서 사회의 전반적인 관심과 국가 정책의 변화, 통계자료 등을 제시하며 전개하였다. 상담학과 인접 학문에서의 선행 연구를 살피며 연구의 필요성과 목적을 찾고자 하였다. 형식주의와 환원주의의 경계선상에 위치하면서 내러티브 탐구가 추구하는 본래의 목적에 맞게 기술하는 것은 쉽지 않았다. 서론부터 내러티브 탐구의 딜레마를 경험했다는 표현이 적절할 것이다. 게다가 연구의 의의를 미리 선점하듯 기술한 점은 논리상 오류이다. 개인적 관심이 사회적 관심과 연결되고, 이것이 연구의 가치가 있음을 간략한 선행 연구에서 다룬 후 구체적인 목적을 개별 인간의 경험에 두고 서술하면 될 것이다. 본격적인 선행 연구 고찰은 이론적 배경에서 다루면 효과적일 것이라고 본다. 다음의 예를 보며 서론의 내용을 구성해 보기를 바란다.

예 1

…… 이 연구는 기독교인 치매 가족이 부양 과정에서 느끼는 죄책감의 양상을 탐구하는 데 목적이 있다. 치매 환자를 부양하는 가족의 경우 다른 노인병 환자 부양에 비해 죄책감의 문제가 더욱 심각하게 나타난다. 치매는 질병의 성격상 일상생활 능력의 상실로 문제 행동을 일으키며 가족들의 지속적인 보호관찰을 요구하기 때문에 다른 어떤 질환자를 돌보는 것보다 스트레스가 많다. 또한 치매는 점차 인격을 상실해 가는 만성질환으로 치료의 효과도 기대할 수 없다. 게다가 다른 노인성 질병과 달리 초기 및 중등도 치매 환자의 경우에도 중증 이상의 치매 환자를 돌보는 부담이 있어 장기간 고강도의 스트레스에 의한 학대 가능성이 항상 잠재되어 있다. 따라서 치매 환자 부양자들에게는 불안이나 죄의식, 자기비난 등의 증상들이 빈번하게 나타나고 있다.

죄책감의 문제는 부양자들에게만 국한되지 않고 모든 사람의 일상생활뿐 아니라 정서와 정신건강에 영향을 주는 요인이기도 하다. 죄책감을 느끼는 것은 정신건강의 한 차원이기도 하지만, 자신을 반복적으로 정죄하고 지나치게 자책하는 죄책감은 오히려 해가 된다. 끊임없이 자신에게 가해지는 비난은 타인을 향해서 방어적으로 작용하게 되고, 반복적인 죄책감은 자신을 괴롭힐 뿐 실제적인 삶의 변화와 책임을 가져오지 못하기 때문이다.

복잡하고 피할 수 없는 삶의 문제인 죄책감은 과도한 신체적, 정신적, 정서적 압박 속에 있는 치매 환자 부양자들에게 더욱 극명하게 나타나는 문제이다. 특히 우리나라는 효라는 전통적 가치체계와 가족 유대가 깊은 관계 문화 속에 있으므로 노부모 부양의 문제로 인한 죄책감의 빈도와 강도가 높게 나타난다. 게다가 기독교인 부양자의 경우에는 사회적 윤리와 도덕의 범주를 넘어서 하나님의 법의 준수를 요구받고 있기 때문에 죄책감의 문제와 더욱 치열한 접전 중에 있다고 본다. 율법주의적인 신앙을 가지고 있는 사람들은 더더욱 자신과 상대에게 판단의 잣대를 들이대고 그에 따르는 죄책감의 굴레에 싸여 살고 있다.

죄책감의 문제는 심리학과 종교가 만나는 곳이라는 말처럼, 이 주제는 심리학과 신학 사이에 가장 큰 갈등이 야기되는 동시에 통합이 가장 필요한 영역이다. 신학적으로 볼 때 죄책감은 죄로 인해 생겨난 감정이고, 심리학적으로 볼 때 죄책감은 여러 가지 심리적 요소가 갈등을 일으켜 발생하는 심리적 구조의 산물이다. 심리학자들은 신학자들이 죄책감을 부추긴다고 하고, 신학자들은 심리학자들이 죄책감을 없앤다고 한다. 이 연구에서는 이렇게 대립적인 신학과 심리학의 두 영역이 통합되는 새로운 지평을 찾고자 한다. 연구 주제는 기독교인 치매 가족이 죄책감을 경험하는 상황이 어떠하며 그 죄책감에 어떻게 반응하는지 그리고 죄책감 경험이 어떠한 의미를 갖는지의 세 가지로 한정한다.

연구 방법으로는 질적 연구 방법인 내러티브 탐구를 사용하고자 한다. 부양자의 부양 부담에 관한 연구, 특히 노인 장기요양 보험제도 실시 이후에 수행된 연구들은 대부분 양적 연구이다. 이것은 돌봄 제공자의 정서적이고 심리적인 희생을 충분히 표현하는 데 제한점이 있다. 질적 연구는 가족 간 상호작용에서 부양자들이 경험하는 부양 부담에 주목하므로 더욱 풍성한 심리적 자료를 제공할 수 있다. 특히 내러티브 탐구 방법은 인간의 상황과 경험에 초점을 두고 그 경험에 의미를 부여하므로 인간과 인간의 세계를 이해하는 데 매우 적합하다. 그러므로 내러티브 탐구를 통해 연구 참여자는 자신들의 삶의 경험을 심층적으로 묘사해 주고, 연구자를 통해 삶에 대한 이해의 폭을 확장해 갈 수 있으리라 기대한다. (각주 생략)

—한계수, 「기독교인 치매환자가족의 죄책감 경험에 관한 내러티브 탐구」
(평택대학교 대학원 박사학위 논문, 2013)
서론 중에서—

예 2

…… 과거에 교회 사역의 일선에서 활동하는 여성들이 주로 독신이었던 것에 비해 현대는 여성 목회자들의 결혼생활이 점차 확산되고 있는 상황이다. 이에 따라 여성 목회자들이 목회 활동 이외에 가사와 양육 노동을 지고 있는 비율이 늘고 있다. 기혼 여성 목회자들은 사모의 내조를 받는 남성 목회자들의 경우와 전혀 다른 상황에서 목회를 하고 있다. 게다가 대다수의 한국 교회는 가정과 사역을 병행하는 기혼 여성 목회자의 목회 활동에 대한 이해가 부족하다. 오히려 여성 목회자는 결혼하지 않아야 목회에 더 충실할 수 있다는 인식이 지배적이다. 이런 편견하에 여성 목회자는 목회와 가정생활에서의 다중 역할을 감당하는 과정에서 소진에 이르기 쉽다는 연구 결과도 있다.

목회자의 가정은 '유리집'이라고 불릴 만큼 사생활이 보호되지 않는 특수한 상황이다. 목회자를 비롯한 모든 가족 구성원의 생활이 노출되고, 개인적인 삶의 경계선이 보장되지 못하는 실정이다. 목회자의 사생활 포기를 오히려 영적인 것으로 인식하는 한국의 상황에서 건강한 목회자의 가정을 이루기에는 어려운 점이 많다. 성도들은 목회자에게만이 아니라 목회자의 가족들에게도 높은 신앙과 도덕적 수준을 요구하고, 교회 내 역할에 대해 과도한 기대를 갖고 있다. 목회자 가족들은 함께하는 시간이 부족할 뿐 아니라 불확실하여 가족의 성장과 단합을 이루기도 어렵다. 이로 인해 목회자 가족의 구성원들은 정서적인 위험을 겪을 가능성이 높고, 가족 간 갈등을 경험할 요인이 매우 많다.

더구나 기혼 여성 목회자의 경우에는 가정이 더욱 특수한 상황에 놓인다. 한 가정의 아내이자 어머니요, 며느리인 여성 목회자는 가정 내의 다양한 역할을 감당하기 어려운 실정이다. 이에 따라 가족들이 경험할 상실감이 더욱 크다고 하겠다. 또한 여성 목회자들은 사적 공간의 경계선이 더욱 모호해지기 쉽다. 여성 목회자의 가정은 공적으로 공개되어 목회 사역의 연장이자 상담의 장소이며, 방문객이 끊이지 않는 곳이 되기 때문이다. 이로 인해 가족들에게 스트레스와 갈등이 발생할 가능성이 매우 높다.

지금까지 여성 목회자들에 대한 연구는 주로 여성 안수와 양성평등을 기반으로 한 여성 목회자들의 리더십에 관련된 것들이다. 이에 반해 여성 목회자들의 개인적 삶과 가족관계와 관련된 연구들은 그 중요성에도 불구하고 거의 다루어지지 않았다. 그 이유는 여성 목회자들에 대한 비중이나 관심이 남성 목회자들에 비해 적었기 때문이기도 하지만, 사적인 영역을 공개하기 꺼리는 여성 목회자 특유의 은폐적인 성향으로 보는 견해도 있다. 그러나 여성 목회자들이 급증하고, 여성 사역에 대한 비중과 영향력이 점차 확대되어 가는 시점에서 여성 목회자들에 대한 다각도적인 연구가 필요하다…….

이 연구의 목적은 한국 교회 안에서 특수한 상황에 있다고 볼 수 있는 여성 목회자들이 가정생활에서 경험하는 가족관계 갈등을 심층적으로 드러내는 것이다. 연구의 대상은 기혼 여성 목회자들로 한정하였고, 연구의 범위 또한 핵가족으로 제한하였다. 목회와 가정의 이중 책임을 감당하고 있는 여성 목회자들이 가족관계에서 경험하는 갈등의 양상은 어떠한지, 갈등을 극복해 가는 요인은 무엇인지 살필 것이다. 그리하여 여성 목회자에게 가족의 관계 갈등 경험이 어떤 의미를 갖는지 드러내는 데 목적이 있다.

이러한 연구는 기혼 여성 목회자들과 그 가정에 대한 이해의 폭을 넓히고, 다중 역할로 인해 사역의 소진을 경험하는 여성 목회자들에게 의미 있는 시사점을 보여 줄 것이다. 뿐만 아니라 많은 성도를 세심하게 돌보아야 하는 현대 교회의 목회자들에게 감성적 리더십의 역량에 긍정적 자원을 제공할 것이다. 나아가 한국 교회의 갱신과 성숙에 기여할 여성 목회자들의 자원을 발견하고 활성화하는 데 일조할 것이다. (각주 생략)

–김순란, 「여성 목회자의 가족 관계 갈등 경험에 관한 내러티브 탐구」
(평택대학교 대학원 박사학위 논문, 2000)
서론 중에서–

3) 연구 퍼즐 구성하기

내러티브 탐구는 특정한 문제에 대한 답을 찾기 위한 것이 아니라 경험을 탐색하는 과정이다. 그러므로 클랜디닌은 연구 질문이 아닌 연구 퍼즐의 개념으로 전환하여 질문(question)이 아닌 궁금증(wonder)에서 시작하라고 제안한다(Clandinin, 2015, p. 63). 연구 퍼즐을 고안하는 것은 지속적인 탐색의 관점이자 내러티브적으로 사고하는 과정의 부분이다. 이것은 구성주의적이며 다중적인 내러티브 탐색의 특성을 잘 드러내 준다. 연구자는 개인적 경험에서 시작하여 참여자들과 관계를 맺는 경험을 통해 인간과 삶에 대한 이해를 심화시켜 갈 수 있는 것이 무엇인지를 물어야 한다. 인간의 개별적인 경험이 어떤 의미인지를 탐색해 가면서 이것이 실천적이고 사회적으로 어떤 의미를 갖는지 묻는 것이 연구 퍼즐이다.

연구 퍼즐은 연구의 방향을 제시하고 이끌어 가는 안내자와도 같다. 무엇을 탐구할 것인지 명확한 용어를 사용하여 구체적으로 표현해야 한다. 지나치게 넓은 범주나 모호한 표현을 사용할 경우에 탐구의 방향성을 상실하기 쉽다. 대체적으로 연구 퍼즐은 경험의 현상을 탐색하는 것과 그 현상이 지닌 의미를 찾아가는 두 가지 형태로 나타난다. 퍼즐을 표현하는 방식도 정확한 답을 요구하는 듯한 '무엇(what)'보다는 '어떻게(how)'를 사용하는 것이 바람직하다고 본다(홍영숙, 2015, p. 14). 다음의 예를 가지고 더욱 적절한 표현의 연구 퍼즐로 표현하는 연습을 해 보기를 권한다.

예 1

첫째, 기독교인 치매 가족이 죄책감을 경험하는 상황은 어떠한가?

둘째, 기독교인 치매 가족은 죄책감에 대해 어떻게 반응하는가?

셋째, 기독교인 치매 가족의 죄책감 경험은 어떠한 의미가 있는가?

—한계수, 「기독교인 치매 환자 가족의 죄책감 경험에 관한 내러티브 탐구」
(평택대학교 대학원 박사학위 논문, 2013)
연구 질문—

예 2

첫째, 파킨슨병으로 인한 개인적 · 가정적 · 사회적 삶의 변화는 무엇인가?

둘째, 파킨슨병 투병 과정에서 환자에게 삶의 의욕이나 사기를 진작하거나 저하시킨 요인은 무엇인가?

셋째, 파킨슨병 환자의 종교적 신앙은 투병 생활에 어떤 영향을 주었는가?

—김정숙, 「파킨슨병 투병 환자의 투병 경험에 관한 내러티브 탐구」
(평택대학교 대학원 박사학위 논문, 2018)
연구 질문—

예 3

첫째, 여성 목회자가 가족관계에서 겪는 갈등은 무엇인가?

둘째, 여성 목회자는 가족관계 갈등을 어떻게 극복하는가?

셋째, 여성 목회자의 가족관계 갈등 경험은 어떤 의미가 있는가?

—김순란, 「여성 목회자의 가족 관계 갈등 경험에 관한 내러티브 탐구」
(평택대학교 대학원 박사학위 논문, 2000)
연구 질문—

3. 이론적 배경

1) 이론의 위치 이해하기

내러티브 탐구 방법이 갖는 핵심적인 긴장 가운데 하나는 이론의 위치이다. 이론에서 탐구를 시작하는 형식주의에 비해 내러티브 탐구는 이야기로 표현된 경험에서 시작한다. 처음 내러티브 탐구를 시작하는 연구자에게는 탐구의 틀로서 이론적인 문헌을 사용하려는 접근을 포기하는 것이 매우 어렵게 느껴진다. 이론에 대한 긴장은 탐구 초기에서 시작하여 진행 과정 내내 존재한다. 특히 연구 텍스트를 쓰는 단계에 이르면, 진리와 의미에 대한 객관적인 관점을 가지고 경험을 법칙으로 전환하는 데 관심이 있는 환원주의와의 긴장을 경험한다. 그러나 내러티브 탐구는 이러한 형식주의와 환원주의의 경계에서 경험에 대해 내러티브적으로 사고하는 것이라는 사실을 분명히 인식해야 한다. 내러티브적으로 사고한다는 의미 또한 이해하기 쉽지 않다. 이것은 이야기를 분석함으로 얻게 되는 이해 목록을 만들어 내는 것이 아니라 경험을 이해하기 위해 그들과 함께 생각하면서 그 경험적 기원과 밀접하게 연관 짓는 것을 의미한다 (Clandinin, 2015, p. 57).

2) 이론의 범위 한정하기

내러티브 탐구에서 이론적 배경으로 다루어야 하는 것은 탐구의 대상과 경험의 범위 안에서 제한해야 한다. 이것은 연구 참여자들의 내러티브를 내러티브 관점에서 분석하고 이해하는 데 도움이 되는 범위를 말한다. 내러티브 탐구의 출발은 기존 이론이 아니며, 탐구의 결과 또한 이론으로 귀결되는 것이 아니다. 주제와 관련된 모든 이론을 지나치게 깊고 광범위하게 제시할 경우에 오히려 개별 경험 자체를 드러내는 데 방해가 될 수 있다. 필자의 경우에 연구 초반은 모든 이론과의 씨름이었고, 추후 덜어 내는 작업에 힘을 쏟았음에도 불필요한 이론들이 많았다고 평가할 수 있다. 이론이 경험에 대한 탐구를 방해하지 않도록 유의해야 한다.

내러티브 탐구의 이론적 배경에서 비교적 상세히 다룰 수 있는 것은 선행 연구 분석이다. 연구의 출발 전에 선행 연구의 분석은 반드시 필요하며, 이는 연구의 실제적이며 사회적인 정당성을 밝히는 데 유용하다. 다양한 연구물 사이에서 이 연구가 차지하는 위치를 확인해 주면서 이 연구가 지닌 의의를 부각시켜 주는 효과가 있다.

다음의 예들 가운데 필자의 논문인 예 1의 경우는 이론을 매우 광범위하게 다룸으로써 연구에 불필요한 부분이 많았다고 평가할 수 있다. 이 연구의 이해를 위해서는 치매 가족에 관한 선행 연구와 함께 기독교 심리학에서의 죄책감 문제에 접근하는 것이 더 적절하다고 여긴다. 예 2의 경우도 여성 목회자의 가족관계 갈등에 관한 이론을 중심으로 전개되는 것이 적절할 것이다. 그러나 저자가 밝혔듯이 아직 이 분야의 연구가 부족하고, 여성 목회자에 대한 연구의 방향으로 전환을 시도한다는 점에서 여성 목회자에 대한 이해를 다룰 필요성은 인정된다. 예시가 보여 주는 약점을 극복하는 탐구자가 되기를 바라는 마음에서 예시를 제공하였다.

예 1

1. 치매 가족의 이해
   1) 치매의 일반적 이해
   2) 치매와 가족
   3) 치매 가족의 부양 부담
   4) 치매 가족의 죄책감
2. 죄책감의 이해
   1) 죄책감의 심리학적 이해
   2) 죄책감의 신학적 이해
   3) 기독교 심리학에서의 죄책감

－한계수, 「기독교인 치매환자가족의 죄책감 경험에 관한 내러티브 탐구」
(평택대학교 대학원 박사학위 논문, 2013)
이론적 배경의 목차－

예 2

1. 여성 목회자 이해
   1) 여성 목회자의 정체성
   2) 여성 목회자의 지위와 역할
   3) 여성 목회자의 전망
2. 여성 목회자 가정의 이해
   1) 성경적 목회자 가정
   2) 여성 목회자 가정의 특수성
   3) 여성 목회자 가정의 가족관계 갈등

－김순란, 「여성 목회자의 가족 관계 갈등 경험에 관한 내러티브 탐구」
(평택대학교 대학원 박사학위 논문, 2000)
이론적 배경의 목차－

4. 연구 방법과 절차

1) 연구 방법 소개하기

내러티브 탐구 방법론에 대해 소개하면서 이 연구에서의 방법론적 의의를 드러내는 부분이다. 내러티브 탐구의 개념과 특성을 연구자가 이해한 상태에서 간략히 소개하도록 한다. 존 듀이의 경험적 존재론을 토대로 하여 클랜디닌과 코넬리가 확립한 탐구의 개념을 소개하고, 이와 관련된 용어들을 이해하도록 돕는다. 인간의 경험에 주목하는 여러 질적 연구와 비교하여 내러티브 탐구가 갖는 특성을 부각시킨다. 내러티브 탐구에서 인간의 경험은 이야기하기를 통해 구성되고 재구성되는 과정적인 성격이다. 이러한 경험을 3차원적 내러티브 탐구 공간 안에서 탐구해 가는 내러티브만의 특성에 대해 기술한다. 연구의 주제와 관련하여 내러티브 탐구 방법을 적용할 때의 효과와 의의에 대해 명시하는 것이 중요하다.

2) 연구 절차

내러티브 탐구는 연구자와 연구 참여자가 이야기로 상호작용하는 가운데 새로운 이야기를 찾아가는 과정과 관련된다. 대체로 질적 연구의 절차는 현장으로 들어가기, 연구 참여자와 관계를 맺고 자료수집하기, 연구 현장에서 나와 연구 결과 작성하기의 과정을 거친다. 그러나 내러티브 탐구는 정적인 자료인 '이야기'를 수집하는 것보다는 '이야기하기'라는 동적인 행위에 중점을 두는 연구 방식이다. 즉, 이야기하기-다시 이야기하기라는 탐구 과정을 그 특징으로 갖는다.

연구 절차를 기술할 때 내러티브 탐구 과정의 다섯 단계를 따르거나, 이를 세 단계로 묶어서 적용할 수도 있다. 각각의 단계에서 실제로 수행한 활동을 중심으로 상세히 기술해 가도록 한다. '현장으로 들어가기' 단계에서는 연구 참여자를 모집하고 선정하는 과정과 연구 참여자를 소개한다. '현장에서 현장 텍스트로 이동하기'와 '현장 텍스트 구성하기' 단계에서는 이야기의 장소에 존재하면서 자료를 수집하는 과정과 방법을 소개한다. '현장 텍스트에서 연구 텍스트로 이동하기'와 '연구 텍스트 구성하기' 단계에서는 경험에 대한 의미를 찾아 연구 결과를 작성하는 것과 관련된 보고를 한다.

다음은 연구 절차 가운데 비교적 상세한 기술이 필요한 참여자 선정과 자료수집의 과정에 대해 소개하고자 한다.

(1) 연구 참여자 모집과 선정

연구자는 탐구 경험과 관련하여 참여자 선정의 기준을 명시한 후에 대상자를 모집해야 한다. 처음 연구 참여자를 모집할 때에는 조급한 마음에 참여를 수락하기만 하면 다 된 느낌이 든다. 그러나 막상 인터뷰를 진행해 보면 경험의 단계나 경과 기간에 따라 그 양상과 의미가 드러나지 않는 경우가 있다. 그래서 연구의 주제와 관련하여 충분한 경험이 있는 대상자를 선정하기 위한 요건을 고려하고 모집을 시작해야 한다. 연구가 진행되는 과정에서 이해의 한계가 드러나고 자원의 고갈로 중도 탈락하는 경우도 발생한다. 연구자와 같은 동기를 가지고 자신의 경험을 이야기로 잘 풀어낼 수 있는 참여자라면 탐구의 퍼즐을 찾아가기가 훨씬 수월하다. 또한 연구 과정에 필요한 시간을 기꺼이 낼 수 있는 상황인지도 점검해야 할 사항이다.

필자의 경우 치매 가족 수발에 따르는 죄책감 경험자를 모집하는 상황에서 치매 정도와 가족관계에 따라 경험의 강도에 큰 차이를 보이는 것을 발견하였다. 중등도 이상의 수발이 필요한 치매 환자를 둔 가족을 대상으로 연구 참여자를 모집하였으나, 가정사 노출과 개인적 감정 표현에 대한 경계심이 가장 큰 난관으로 작용하였다. 또한 죄책감이라는 감정을 부정적으로 인식하여 인정하지 않으려는 사람들과, 반면에 매우 긍정적이고 수용적으로 수발을 감당하는 등 다양한 형태의 사람을 만날 수 있었다. 연구의 시작부터 마무리까지 가장 적극적으로 함께한 연구 참여자는 현재 주제와 관련하여 가장 강력한 동기를 갖고 있는 동시에 자기 공개의 의지가 있는 참여자였다. 연구 참여자를 선정하여 소개할 때에는 탐구 경험을 이해하는 데 도움이 되는 요인을 중심으로 분류하여 다음과 같이 표로 만들어 제시하면 효과적이다.

〈표 2〉 연구 참여자 소개 예시

	성별	나이	직업	종교	치매환자와의관계	결혼여부	수발 기간	수발 형태
A	여	49	대학강사	기독교	둘째 딸	미혼	6년째 수발 중	재가수발, 시설 병행
B	여	77	주부	기독교	배우자	기혼	3년째 수발 중	재가수발
C	남	57	교사	기독교	장남	기혼	8년간 부양 종료	재가수발 후 시설이용
D	여	56	상담가	기독교	외며느리	기혼	7년간 수발 종료	재가수발

출처: 한계수(2013).

(2) 자료수집

내러티브 탐구에서 자료를 현장 텍스트(field text)라고 부르는 것은 그것이 경험적이고 간주관적인 성격임을 표현하는 것이다. 여기서 수집하는 자료들은 객관적인 데이터가 아니라 매우 개별적이고 개인적이며 상호 관련이 있는 것들이다. 현장 텍스트의 종류는 매우 다양하고, 참여자의 경험을 드러내는 것이면 어떤 것이든 가능하다. 가장 주된 자료는 면담 자료로서, 연구 참여자와 진행한 면접의 기간, 횟수, 소요 시간, 장소, 내용에 이르기까지 구체적으로 소개한다. 참여자의 경험을 자연스럽게 탐색하려면 비구조화된 면담을 진행해야 하지만, 구체적 탐색을 위한 최소한의 설문지를 준비하는 것이 효과적이다. 면접 현장에서 연구자의 현장 노트, 면접 후 돌아와 기록하는 연구 일지, 대화 녹취록, SNS를 이용한 상호교류 등의 현장 텍스트가 다양할수록 참여자의 경험을 다각적이고 심층적으로 드러낼 수 있다.

필자의 기독교인 치매 가족의 죄책감 경험에 관한 연구에서 현재 수발을 감당하고 있는 참여자들은 적극적인 지지와 함께 현장에 함께 있기를 희망하였다. 집으로 방문하기도 하였고, 요양병원으로 찾아가기도 하였다. 현장에서 참여자가 표정과 행동으로 보여 주는 것이야말로 생생한 현장 텍스트가 되었다. 또한 과거 수발 경험이 있는 참여자들은 자진하여 회고록이나 일기, 사진 등의 자료를 제공하였고, 이러한 현장 텍스트가 참여자의 경험을 이해하는 귀중한 도구가 되었다. 다음에서는 현장 텍스트 가운데 연구 일지와 참여자의 회고록 중 일부를 소개한다.

B의 환대를 받으며 원룸에 들어서는 순간, 입구부터 차곡차곡 쌓아 올린 박스들이 시야를 가렸다. 방 안은 환자용 침대와 작은 소파 하나가 다 차지하고 있다. 우리네 인생이 그러하듯 잠시 머물다 가는 임시 거처 같았다. 연세가 믿기지 않을 만큼 젊어 보이시는 B는 꽤나 깔끔하신 분이신가 보다. 환자 냄새가 난다며 서늘한 바람에도 굳이 창문을 여신다. 방문객에게 별다른 반응을 보이지 않는 남편은 의자에 앉아 벽에 걸린 TV만 보고 계신다. …… 말동무가 그리우셨나 보다. 한껏 올린 TV 볼륨 속에서도 끝도 없이 이야기를 펼쳐 가신다. 이곳에 산 지 3년밖에 안 되어 누구 하나 오는 이 없었단다. 이렇게 와 주시니 감사하다며 나의 방문을 심방으로 받으신다. 연구의 목적과 참여를 부탁드렸더니 당신이 도움이 될 일이 있다면 오히려 감사한 일이라고 반색하셨다. (연구 일지, 2012. 6. 11.)

아버지, 저는 "쟁반 위의 조홍감이 고와도 보이나이다. 그러나 품어가 반길 이 없으니 이를 슬퍼하노라."라는 시조가 가을이면 생각납니다. 아주 어린 초등학교나 중학교 때 외운 시조인데 지금은 감을 보면 아버지 이 시조가 생각납니다. 아버지 계시면 저도 과일을 사들고 가고 싶은데 말입니다. 아버지 잘 모시지 못한 것이 너무 후회스럽습니다. 아버지 병환이 심해지기 전에 제가 자주 찾아뵙지 못했습니다. 아버지가 좋아하시던 갈비를 한번도 사드리지 못했습니다. 아버지, 너무 죄송합니다!

아버지, 못난 이 아들은 이제야 아버지께 뒤늦은 고백을 드립니다. 아버지 사랑합니다! 아버지, 이렇게 못난 아들인데도 아무런 불평 한 말씀하지 않으신 아버지, 이제야 감사를 드립니다! 아버지, 너무나 보고 싶습니다! (C의 회고록, 10쪽)

3) 연구 참여자와 연구자의 관계

내러티브 탐구가 추구하는 진정한 의미의 관계성은 연구자와 연구 참여자가 내러티브 통일성을 구축해 가는 것이다. 이것은 연구자가 참여자와 현장에서 함께 보낸 시간의 양에 의존하지 않으므로 참여자와의 협력 관계가 그 어떤 연구에서보다 중요하다. 여타의 질적 연구에서는 연구자와 연구 참여자의 관계가 불평등한 구조 속에 위치하여 진행되기도 한다. 그러나 내러티브 탐구에서 연구자는 연구 참여자와 최대한 평등하고 협력적인 관계를 맺어야 한다. 연구 참여자는 연구자의 연구에서 하나의 요소가 아니라 연구의 주체라는 인식을 갖고 접근해야 한다. 따라서 연구 참여자와의 라포 형성이 그 어느 연구에서보다도 선결 조건이다.

필자의 경우 철저히 자기노출을 전제로 한 연구를 진행하면서 연구자가 먼저 개방적인 태도를 보였다. 공동의 심리 과제를 다루어 가는 마음으로 연구자와 연구 참여자가 협력 관계를 형성하고자 노력하였다. 때때로 연구 참여자로부터 연구자 이외의 여러 위치를 요구받기도 하였다. 특히 연구 참여자들은 위로와 격려를 제공하는 상담자로서의 역할을 가장 기대하였다. 연구자는 현장에서 함께 견뎌 주는 일을 비롯하여 자기통찰을 이루어 가도록 반영과 수용의 자세를 보여 주었다. 상호 신뢰에 기반하며 긍정적 관계를 형성하며 '사랑에 빠지기'와 '적절한 거리두기'의 기술을 유지하고자 노력하였다.

4) 윤리적 고려

인간을 대상으로 하는 연구에서 윤리적 문제는 법적으로 점차 강화되어 가고 있다. 2014년부터 기관생명윤리위원회(IRB)가 의무적으로 설치되고 인간대상 연구에 대한 심의를 필하도록 되어 있다. 개인을 보호하고 정보를 사용하는 문제에서 매우 철저한 인식이 필요하다. 특히 내러티브 탐구에서는 윤리적인 문제가 탐구의 전 과정에서 발생할 가능성이 매우 높다.

필자는 연구 시작 단계에서 사전 동의를 얻는 것부터 진행 단계와 마무리 단계에 이르기까지 윤리적인 관계 방식에 대해 의식적인 노력을 기울였다. 사적 정보와 관련하여 익명 처리와 비밀 보호 장치를 설정하였고, 언제든 참여를 철회할 수 있음을 명기하여 보장하였다. 모든 현장 텍스트에서 연구 텍스트에 이르기까지 연구 참여자와 공유하며 개방적 태도를 보였다. 윤리적 고려는 최소한의 방어적인 태도가 아니라 참여자를 적극적으로 배려하는 최대한 존중의 입장이어야 함을 늘 견지하였다.

참고로 연구 참여 동의서의 예를 다음과 같이 제시한다. 연구 참여 동의서에는 연구의 목적에 대한 설명, 연구 진행 방법, 면담 횟수 및 기간, 자료 보관 기간과 파기, 자의적 연구 참여 중단 보장, 내러티브 분석 및 해석에 대한 참여자 동의 요청, 개인정보 보호에 대한 서약 등을 포함한다. 논문의 윤리적 고려 항목에서 이러한 내용이 명시되도록 기술하도록 한다.

연구 참여 동의서

연구 제목:
연구자:
소속:
연락처:

저는 ______________________________ 입니다.
학위논문으로 ________________________ 관하여 연구하고 있습니다.
연구의 목적은 ____ 입니다.
연구를 위하여 ______ 회(혹은 그 이상)의 심층 면접을 실시할 계획이며,
매회 면접 시간은 대략 ______ 시간 내외가 될 예정입니다.
면담 동안 _______________________ 경험에 관하여 질문할 것입니다.
면담 내용은 귀하의 동의를 얻은 후 녹음할 것이며, 연구 종료 후 삭제할 것입니다. 본 연구 과정에서 얻게 될 귀하의 개인 신상에 관한 어떠한 자료도 귀하의 동의를 구하지 않고 타인에게 노출하지 않을 것이며, 익명으로 인용할 것입니다.
귀하의 이야기를 해석하고 분석하는 과정에서도 귀하의 동의를 구할 것입니다.
또한 원한다면 귀하는 언제든지 연구 참여를 거부할 수 있습니다.
본 연구는 ______________________ 에 귀중한 자료로 활용될 것입니다.

모든 정보는 본 연구의 목적 이외에 다른 용도로 사용되지 않을 것임을 서약합니다.
귀한 시간을 내어 연구에 참여해 주시면 매우 감사하겠습니다.

연구에 참여를 허락하시면 아래에 기입해 주십시오.

---

1. 나는 이 연구를 통해 제공한 정보가 본인의 허락 없이 누출되지 않을 것이고 불이익이 오지 않을 것임을 이해합니다. (　　)
2. 나는 면담에 응하지 않을 권리가 있고, 내 생활에 참여하는 것을 거부할 권리가 있으며, 언제든 연구 참여를 중단할 수 있음을 이해합니다. (　　)

3. 나는 면담 내용이 녹음되는 것을 허락합니다. 또한 연구 결과물이 발행되더라도 나의 신상 정보가 변경되어 실릴 것이라는 사실을 연구자로부터 들었습니다. (　　)

- 본인 ＿＿＿＿＿는 위의 연구에 참여할 것을 동의합니다.

20　　년　　월　　일

연구 참여자 ＿＿＿＿＿＿(서명)　연구자 ＿＿＿＿＿＿(서명)

5. 내러티브 풀어내기

이제 연구자는 많은 양의 현장 텍스트를 다루어야 하는 단계에 도달하였다. 비구조화된 면담과 다양한 방법으로 수집된 자료들은 파편화되어 있을 뿐 아니라 상호 간 혼재되어 있다. 이렇게 다량의 무질서한 자료로부터 연구에 필요한 의미 있는 자료들을 추출해 내는 작업이 필요하다. 이때 현장 텍스트는 철저하게 객관적인 사실이라기보다 사건에 대한 맥락적 재구성임을 이해해야 한다. 즉, 참여자의 내재적 관점에서 현장 텍스트를 바라보는 자세가 필요한 것이다. 이러한 현장 텍스트에서 곧바로 연구 텍스트로 이동하기에는 무리가 따른다. 그래서 현장 텍스트로부터 연구 텍스트로 이동하는 중간 지점이 필요한데, 이 중간 단계에 위치한 자료를 내러티브 기술 초안 또는 중간 연구 텍스트라고 부른다.

필자의 경우, 연구 참여자들과의 면담 자료, 회고록, SNS 자료, 사진, 현장 노트와 연구 일지 등 수백 장의 현장 텍스트가 나왔다. 연구 참여자들의 이야기는 현재에서 과거로, 다시 미래로 교차하는 시점의 변화를 보였고, 감정과 행동 또한 내면과 외부를 오가며 드러났다. 때로는 시간 순서에 따른 진술이 되었다가 또 때로는 에피소드 중심의 진술이 되기도 하는 등 현장 텍스트는 복잡성을 띠었다. 이러한 자료들로부터 연구 텍스트로 향하기 위해 중간 연구 텍스트 작성이 필요하였다. 중간 텍스트의 작성 없이 이 과정과 연구 텍스트 과정을 한 번에 해결하는 연구자들도 있다. 필자가 취한 중간 텍스트 기술 과정은 다음과 같이 진행하였다.

① 전사된 모든 자료를 꼼꼼히 읽으며, 주제와 관련하여 불필요하다고 생각하는 부분은 버린다.
② 이야기들이 중첩되거나 반복되는 것을 함께 묶는다.
③ 참여자별로 연대기적 스토리 라인을 구성한다.
④ 개요를 작성하고 해당하는 이야기를 배치한다.
도입(만남, 소개)－치매 진단 시 반응－이후의 대처, 수발 상황－죄책감 경험 상황－죄책감에 대한 반응－미래적 소망
⑤ 단계별로 내러티브 방식으로 제목을 적고 내러티브 기술 초안을 작성한다.
⑥ 연구 참여자에게 공개하여 확인을 받는다.

필자가 정리한 개요는 다음과 같다.

연구 참여자 A (딸)	연구 참여자 B (배우자)	연구 참여자 C (장남)	연구 참여자 D (며느리)
도입	도입	도입	도입
1. 어떻게 우리 엄마에게?: 당황과 절망의 교차점에서	1. 캄캄한 앞날: 타향에서 만난 노년의 불청객	1. 자업자득: 원망스러웠던 아버지	1. 약자 며느리
2. 집안에 밀어닥친 쓰나미: 가족의 삶을 뒤흔들어대다	2. 나 아니면 누가?: 몸보다는 마음이 편한 선택	2. 무력한 장남: 자책과 합리화의 날들	2. 불구덩이 속에서
3. "하나님, 저를 데려가세요!": 죄책감의 쳇바퀴 속에서	3. '아이고'의 삶: 쏟아지는 탄식과 이어지는 회개	3. 하늘을 두고 부끄러운 일: 부모님 사후에 증폭된 죄책감	3. 삶과 죄책의 무게에 눌려
4. 날마다 죄인: 현실을 인정하며 은총을 구하기	4. 그래도 '아멘' 하는 자: 선물 같은 은혜	4. 절망을 넘어서게 하는 빛줄기	4. 과제를 완수한 홀가분함
5. 위기 속의 은총	5. 나그네 인생길: 내일이라도 부르시면 가리이다	5. 다시 만나는 아버지	5. 그늘을 제공하는 나무가 되고자

6. 연구 텍스트 구성하기

이제 내러티브 탐구가 추구하는 마지막 단계에 도달하였다. 이 단계는 수집하고 완결된 이야기 자체만을 분석하는 정적인 개념이 아니다. 오히려 다시 이야기하는 과정에서 경험을 재구성하고 관계성의 변화를 지향하는 동적인 개념의 단계이다. 따라서 연구 참여자의 경험을 3차원적 내러티브 탐구 공간에 주목하면서 그 의미가 무엇이며 삶이 어떻게 변화되어 가는지 해석해야 한다. 이때 연구자 역시 이러한 내러티브 통일성 안에서 자신의 이야기를 다시 체험함과 동시에 상호 간에 통합된 이야기를 구성하게 된다.

연구 텍스트를 쓸 때 가장 어려운 부분은 형식주의와 환원주의의 갈등으로부터 경계선을 유지하는 것이다. 공통점이나 차이점을 찾거나 선행 연구의 결과를 증명하여 객관성을 확보하고자 하는 시도에서 벗어나야 한다. 또한 내러티브 탐구의 3차원적 공간에서 탐색한다는 의미에 대해 오해하고 분절적 분석이나 경험의 파편화를 주의해야 한다. 혹자는 경험을 시간성과 관계성, 공간성에 의해 분해하여 분석하는 실수를 보이기도 한다. 참여자의 경험을 통합적으로 이해할 때 그 경험이 지닌 의미를 드러낼 수 있다.

필자도 3차원적 내러티브 탐구 공간의 의미를 이해하고 참여자의 경험의 의미를 드러내고자 노력하였다. 그럼에도 불구하고 내러티브 탐구로서의 미숙한 모습과 오류가 있었음을 시인할 수밖에 없다. 필자가 연구 텍스트를 써 간 과정을 소개하면 다음과 같다.

- 연구 문제(퍼즐)를 염두에 두면서 정리된 현장 텍스트(중간 연구 텍스트)를 주의 깊게 반복적으로 읽는다.
- 문제(퍼즐)에 맞는 이야기가 분명히 드러나는 순간들을 모두 찾는다.
- 연구 참여자들의 경험을 3차원적 탐구 내러티브 공간에 의해 분석하며 의미를 드러낸다. 이때 경험의 의미를 표현하는 주제어는 참여자의 특정한 은유적 표현에서 찾거나 연구자가 내러

티브 방식으로 재현하도록 한다.

- 연구 문제(퍼즐)에 대한 탐색의 결과들을 살피며 범주를 정할 수 있도록 구조화한다.
- 선행 이론의 증명도 새로운 일반화도 아닌 입장에서 연구 참여자의 경험의 의미에 집중하여 연구자의 말로 기술해 간다.
- 연구 참여자들과 공유한다.

연구 텍스트의 개요를 다음과 같이 몇 가지 소개하고자 한다. 다음의 예시가 모범적이라기보다는 내러티브하게 코딩한다는 의미에 대해 좀 더 접근해 갈 수 있으리라 기대하기 때문이다.

예1

첫째, 기독교인 치매 가족이 죄책감을 경험하는 상황은 어떠한가?

- 수발 형태에 따른 죄책감 경험: 집에서 모시지 않을 때 불안하고 도리를 다하지 않은 느낌이다
- 수발 행위에 따른 죄책감 경험: 기독교인으로서 본을 보이지 못할 때 죄책감이 든다
- 하나님 인식에 따른 죄책감 경험: 하나님이 보시기에 부끄럽다

둘째, 기독교인 치매 가족은 죄책감에 대해 어떻게 반응하는가?

- 자기 정당화 반응: 죄책감으로부터 도망가다
- 자기 무력화 반응: 죄책감에 눌려 신음하다
- 구원 요청 반응: 자비로운 피난처를 찾다

셋째, 기독교인 치매 가족의 죄책감 경험은 어떠한 의미가 있는가?

- 자기인식 측면: 나는 하나님이 절대적으로 필요한 죄인이다

- 하나님과의 관계 측면: 하나님과 더 깊은 만남으로 나아가다
- 대인관계 측면: 사명에 눈뜨다

—한계수, 「기독교인 치매환자 가족의 죄책감 경험에 관한 내러티브 탐구」
(평택대학교 대학원 박사학위 논문, 2013)
다시 이야기하기 개요—

예 2

1) 여성 목회자의 가족관계 갈등 양상

(1) 부부 갈등의 양상

- 부부의 관계적 측면의 갈등: 목회자이기에 앞서 아내이기를 원함
- 가정 내 역할에 따른 갈등: 엄마와 주부의 역할에 소홀해서는 안 됨
- 목회 사역에 따른 갈등: 방관과 협력의 경계선에서

(2) 모-자녀 갈등의 양상

- 자녀들의 모성 상실감: 나도 엄마가 필요해!
- 목회자 자녀라는 굴레: 모범이 되어야 한다는 압박감
- 경계선의 부재: 나대로 살고 싶다
- 목회자 엄마로의 죄책감: 사회의 아웃사이더이자 직무 유기자

—김순란, 「여성 목회자의 가족 관계 갈등 경험에 관한 내러티브 탐구」
(평택대학교 대학원 박사학위 논문, 2000)
다시 이야기하기 개요의 일부—

7. 결론: 내러티브를 마치며

1) 요약, 의의, 한계, 제언

내러티브 탐구를 마무리하는 단계이다. 여기서는 주로 앞서 소개한 탐구의 의미를 요약하고, 연구의 의의를 밝히며, 연구에서의 한계나 제언 사항 등을 다룬다. 내러티브 탐구의 전반에 걸쳐 놓치지 않아야 할 것은 연구 참여자들의 목소리가 드러나도록 내러티브하게 기술하는 것이다. 예 1은 요약 부분에서도 가능한 한 그들의 목소리가 드러나도록 기술한 것으로 보인다. 또한 결론 부분에서 매우 비중 있게 다루어야 하는 것은 연구의 정당성에 관한 논의일 것이다. 대부분의 경우 결론 부분에 이르면 긴장이 풀리고 빨리 마무리하고자 하는 조급함에 연구의 의의 부분은 형식적으로 다룬다. 그러나 지금까지 연구 참여자의 경험의 의미를 드러내 기술해 온 연구자는 이제 연구의 정당성과 목적을 묻는 질문에 답할 수 있어야 한다. 연구의 정당성은 개인적, 실제적, 사회적 측면에서 모두 논의될 수 있다. 연구자 내러티브에서 개인적 정당성이 충분히 제시된 경우에는 나머지 두 측면에 대해 다루면 될 것이다. 이는 객관적이고도 논리적인 접근이 필요한 영역이기도 하다. 결론 부분에서 연구의 정당성에 대해 항목별로 정리한 논문은 예 2에 간략히 제시하였다.

예 1

국악 찬양을 통한 치유 경험이 기독 국악전공자의 신앙과 삶에서 갖는 의미는 다음과 같이 드러났다.

연구 참여자들이 국악 찬양을 통해 치유를 경험하면서 공통적으로 '예배자'라는 자기의식을 갖게 되었다. A는 '이제는 주님 앞에 선 예배자라는 정체성을 분명히' 갖게 되었고, B는 '내가 예배자로 사는 것이 내 인생의 목적'이 되었으며, C는 '점점 내 삶에서 예배자의 삶이 연장'되는 것을 고백하였다.

연구 참여자들은 국악 찬양을 통해 치유를 경험하며 대인관계 측면에서 한 영혼에 대해 관심을 갖고 함께 살아가는 가운데 선한 영향력을 미치기를 원하는 섬김의 삶을 추구하게 되었다. A는 '한 사람을 대할 때 영혼에 대한 마음이 더 커진 것'을 보여 주었고, B는 사람을 대할 때 '소망을 가지고 기다려 주고 아픔을 함께하며 위로하는' 자의 삶을 추구하게 되었다. C는 '다양성을 인정하는 가운데 상호 배워 가며 선한 영향력의 사람이 되기를' 소망하게 되었다.

연구 참여자들은 국악 찬양을 통해 치유를 경험하면서 하나님의 부르심을 확신하며 소명을 확장해 가는 비전의 사람이 되었다. A는 하나님을 '평생 어떤 모습으로라도 계속 찬양하는' 목표를 가지고, 영상 시대와 다음 세대를 향한 선교적 소명을 찾아가고 있다. B는 예수님 앞에 '도시락을 들고 선 소년'이 되어 국악 찬양을 통해 국내외적으로, 전 세대를 아우르는 이사야 61장의 실현을 소망하고 있다. C는 '하나님과 친밀감을 누리는 행복자'임을 확인하며, 국악 찬양으로 북한 선교를 하는 날을 기대하며 기도하고 있다.

—이한나, 「기독 국악전공자의 국악 찬양을 통한 치유경험에 관한 내러티브 탐구」 (평택대학교 대학원 박사학위 논문, 2021) 결론 중에서—

예 2

연구자는 연구의 정당성을 개인적 정당성('내러티브 탐구 안에서 있기'), 실제적 정당성('자해의 목소리에 귀 기울이기'), 사회적 정당성('함께 살아가는 존재가 되어 가기')의 세 부분으로 정리하였다. 개인적 정당성은 연구자가 자해에 관심을 갖게 된 배경을 추적하는 가운데 자신의 정신적 자해 경험을 만나 자신을 이해하고 돌보며 타인과의 관계맺음으로 나아가게 되었다는 것이다. 실제적 정당성은 자기위로와 자기표현으로 자해를 선택하는 사실을 드러냄으로써 정서조절 대처전략과 정서적 고통에 대한 자기위로 능력을 고양하는 필요성과 함께 자해를 몸의 언어로 이해하여 몸에 대한 인식과 다양한 공감각적인 통로로 소통하는 대안을 모색하였다는 것이다.

사회적 정당성은 자해의 중단 및 회복을 위해 구체적인 진로 및 삶의 목표 세우기와 긍정적인 대안책 찾기, 지속적이고 의미 있는 관계의 영향 등이 효과가 있음을 밝히고, 자해 중단과 회복을 위한 상담 전략의 개입 및 신체적, 예술적 활동의 비언어적 개입의 중요성을 강조하였으며, 지지그룹이나 집단상담의 적용을 제시한 것이다.

—김수진, 「비자살적 자해의 시작과 중단에 대한 내러티브 탐구」
(숙명여자대학교 대학원 박사학위 논문, 2016)
결론의 논의 중에서 연구의 정당성 요약—

2) 내러티브를 나가며

연구자 내러티브로 시작한 내러티브 탐구는 결론을 마무리하면서 다시 연구자의 반성적 내러티브로 돌아온다. 개인적 동기로 출발한 연구가 참여자들의 경험을 살펴 그 의미를 드러내는 것에 그치지 않고, 다시 자신을 성찰하는 기회를 갖는 것이다. 연구자는 이로써 내러티브의 통일성 안에서 자신의 이야기를 다시 체험함으로써 연구 참여자와 함께 다시 살아가기를 시작하는 의미가 있다. 많은 경우 이 부분을 생략하고 있지만, 예시가 필요한 경우에 노은희의 논문(「심리상담 전문가의 탈북배경청소년 상담 경험에 대한 내러티브 탐구」, 이화여자대학교 대학원 박사학위 논문, 2021)을 보면 도움이 될 것이다.

지금까지 내러티브 탐구의 긴 여정을 간략히 정리해 보았다. 상담학도들에게는 내러티브 탐구야말로 자신과 세계를 탐구하는 가장 효과적인 틀이자 양식이라고 생각한다. 이러한 탐구의 여정에서 자신을 깊이 만나고, 타인을 포용하며, 세계를 넓혀 가는 의미 있는 결실이 있으리라 기대한다.

내러티브 탐구의 실제: 사례 II*

– 조난영 –

처음 접한 그림책은 초등학생 시절로 기억한다. 그때만 해도 그림책이라는 용어보다는 동화책이라는 용어를 사용했고 전래동화나 세계명작동화가 주를 이루었다. 예쁜 공주에 멋진 왕자, 착한 사람과 나쁜 사람들이 주로 등장했던 동화책은 그렇게 흥미롭지는 않았다. 그저 운동장에서 뛰어놀기와 고무줄놀이가 재미났다. 그러나 아이를 키우며 만난 그림책은 시원하고 상큼한 레몬에이드를 마신 것처럼 기분이 좋았다.

어느새 그림책이 주는 맛에서 헤어 나오지 못했고 그림책 관련 서적을 읽던 중『이야기치료』라는 도서를 만나게 되었다. 그림책, 이야기치료, 상담에 흥미가 있었던 내게 그 도서는 선물이었다. 그리하여 필자는 박사과정에 진학해 그림책과 관련된 내용으로 논문을 작성하였고 도서의 저자는 필자의 지도교수님이 되었다. 하지만 누구를 대상으로, 어떤 내용으로, 어떤 연구방법론을 적용해야 하는가는 미지수였다.

박사과정에서는 내러티브 탐구 방법론의 적용이 두드러졌는데,

---

* 이 글은 조난영의「그림책을 통한 가정폭력 가해자의 동일시 경험에 관한 내러티브 탐구」(평택대학교 대학원 박사학위 논문, 2018)를 중심으로 하였다.

내러티브라는 용어 자체가 생소했던 필자는 어떻게 논문을 끌어가야 하나 막막했다. 관련 학회를 찾아보고 세미나 등 연구 모임을 찾아보았다. 하지만 필자가 원하는 날짜나 시간과 맞아 떨어지지 않았다. 직접 어딘가에 가서 방법론을 듣기란 쉬운 일이 아니었기에 다른 방법을 찾아야 했다. 다음으로 선택한 방법은 선배에게 조언을 구하기였지만 그 역시 순탄하지 않았다.

필자가 관계 맺음을 했던 선배들은 내러티브 방법론이 아닌 다른 연구방법론을 적용해 논문을 작성했고, 또 다른 선배의 경우는 필자와 같은 시기에 논문을 작성하고 있어서 시간을 할애해 준다는 것이 쉽지 않았다. 한 선배는 용어의 이해가 수월하며 어려울 것 없다는 답변을 주었다. '나만 이해를 못하고 있구나' '나는 이 용어가 왜 이렇게 어렵지?'라며 고민에 빠졌다. 내가 선택할 수 있는 최선의 방법은 '내러티브 관련 논문과 서적을 읽어 가며 방법론에 대해 알아 가는 것이구나'라는 결론을 내렸다.

첫 번째로 부딪힌 어려움은 내러티브 5단계를 나타내는 용어의 낯설음으로 알 듯 말 듯 모호했다. 방법론을 어떻게 이해하고 적용해야 할지 막연했다. 마치 미로로 들어서는 입구에서 어디로 가야 출구를 찾을 수 있는지 알지 못하고 허둥대고 있다는 느낌이 들었다. 도대체 어디까지가 현장으로 들어가기이고 어디부터가 현장에서 현장 텍스트로 이동하기인지 각 단계를 이해하기란 쉽지 않았다. 내러티브의 단계는 경계짓기가 있다 하더라도 실제 연구에서는 이 경계가 순환적이라는 사실을 알게 되었다. 그럼에도 단계를 구분지었던 이유는 내러티브 탐구 방법의 원리를 읽게 되는 독자와 초보 연구자들에게 안내하기 위해서는 반드시 필요했다는 것을 깨닫게 되었다.

더구나 내러티브라는 것이 연구 방법으로 적당한가를 되묻곤 했다. 마치 수필이나 소설 같은 이 방법론으로 논문을 작성한다고 했을 때 논문으로서 가치가 있을지의 여부는 필자를 무척 곤혹스럽게 했다. 논문으로서의 가치를 인정받고자 한다면 어떤 방식으로 논문을 전개해야 할지 고민이 깊어졌다. 고민 끝에 작성된 필자의 논문에서 다음 〈표 3〉의 과정을 거치며 완성되었다.

〈표 3〉 내러티브 탐구의 연구 과정

서론	I. 서론	1. 연구의 필요성과 목적
		2. 연구 과제
		3. 용어 정리
		4. 연구 방법
본론	II. 이론적 배경	1. 가정폭력 가해자에 대한 이해
		2. 그림책에 대한 이해
		3. 동일시에 대한 이해
	III. 연구 절차와 과정	1. 현장으로 들어가기
		2. 현장에서 현장 텍스트로 이동하기
		3. 현장 텍스트 구성하기: 가정폭력 가해자의 폭력에 관한 이야기
	IV. 연구 결과	1. 구성된 현장 텍스트에서 연구 텍스트로 이동하기
		2. 연구 텍스트 작성하기
결론	V. 결론	1. 요약
		2. 함의
		3. 제언
참고문헌		
Abstract		
부록		

필자는 박사과정에 입학해서 논문을 마치기까지 3년 6개월의 시간이 필요했다. 논문을 작성할 때는 논제를 어떻게 할 것인지가 첫 번째 단추였는데, 논제를 정하기까지 1년 이상 소요되었다. 가정폭력 가해자를 대상으로 한 내러티브 탐구는 찾기 어려웠고 그림책까지 적용한 사례는 없었기 때문에 논제가 타당한가, 즉 이 연구를 진행할 수 있을 것인지가 관건이었다. 시도하고자 하는 연구가 사회적으로 필요한 연구로 기여가 가능한지를 고민할 필요도 있었다. 논제 선정에 따라 목차를 정할 수 있었고, 참여자 선정과 연구 문제, 연구 기간, 이론적 배경 등을 정할 수 있어서 논문 작성에서 논제 선정은 가장 중요한 요소가 되었다. 논제 선정을 마치고 난 후에는 어떤 그림책을 적용할 것인가를 계획해야 했다. 그리고 연구 대상자들에게 어떤 질문을 할 때 해당 연구가 순조롭게 진행될 수 있을까를 고민했다. 그림책 선정과 질문지는 시간성, 공간성, 사회성에 따라 선정해야 했으므로 그 또한 상당한 시간이 소요되었다. 목차 역시 시간 투자를 많이 했다. 목차는 해당 논문이 어떤 방향으로 기술될 것인가를 한눈에 알아차릴 수 있게 한다. 목차는 연구자가 참여자를 어떻게 이해하고 있으며, 참여자의 경험을 어떤 시각에서 바라보고 재구성하는가를 살필 수 있는 단서를 제공하게 된다.

1. 서론

앞의 표와 같이 서론에서는 연구의 필요성과 목적, 연구 과제, 용어 정리, 연구 방법에 관해 기술했고 선행 연구에 대해서도 언급했다. 따라서 서론에서는 연구하고자 하는 개략적인 내용이 포함되어야 한다.

필자는 무조건 서론부터 작성해야 한다는 강박적인 태도를 갖고 있었다. 이 부분에 대해 동료들과 이야기하던 중 서론이 풀리지 않아서 이론적 배경부터 시작했다는 이야기를 심심치 않게 들었다. 이 이야기를 듣는 순간 필자는 '서론이 풀리지 않는데 어떻게 이론적 배경으로 넘어가지?' '서론에서 해당 연구의 개략적인 부분들을 다루어야 다음 장으로 전개될 수 있지 않을까?'라는 생각을 하여 서론부터 출발해 이론적 배경으로 그리고 다음 단계로 차근차근 순서를 밟아 나갔지만, 경우에 따라 방법은 달라질 수 있다.

또한 용어 정리가 따로 필요할까 하는 의문을 제기하기도 했다. 그러나 일부에서는 가해자와 행위자가 혼용되어 사용되었고, 분명 가해자라고 정의 내렸음에도 행위자라는 표현을 하는 서적이나 연구 논문을 보게 되었다. 따라서 가해자의 의미를 분명히 할 필요가 있었으며 그림책을 동화책과 혼용하거나 그림으로 연구하느냐는 식의 오류를 배제하기 위해 용어의 정리가 필요했다.

1. 연구의 필요성과 목적

2. 연구 과제

첫째, 그림책을 통해 동일시 과정이 촉진될 수 있는가?

둘째, 가정폭력 가해자가 경험하는 그림책은 가해자의 특징과 발생 원인도 반영하는가?

셋째, 그림책을 통한 동일시 과정은 어떠한 치료적 과정을 거치며 폭력에 대한 태도에 어떤 의미를 주는가?

3. 용어 정리

1) 가정폭력

2) 가정폭력 가해자

3) 그림책

4) 동일시

4. 연구 방법

1) 내러티브 탐구의 개념

2) 내러티브 탐구의 특징

2. 이론적 배경

여기서는 논제와 참여자를 설명할 수 있는 이론적 틀을 제공해야 한다. 필자의 논제는 '그림책을 통한 가정폭력 가해자의 동일시 경험에 관한 연구'였으므로 그림책과 가정폭력 가해자의 동일시에 대한 세부적인 언급이 필요했다. 무엇보다 가정폭력 가해자의 발생 원인에서 생물학적 배경, 가정적 배경, 사회적 배경, 심리적 배경으로 살펴보았다. 특히 심리적 배경에서 가해자를 어떤 관점으로 바라볼 때 설명이 적절할 것인가는 중요한 사안이었고 대상관계의 이론적 틀을 대입하기에 이르렀다. 멜라니 클라인(Melanie Klein, 1882~1960)의 편집-분열 자리(paranoid-schizoid position)와 우울 자리(depressive position), 로널드 페어베언(Ronald Fairbairn, 1889~1964)의 흥분시키는 대상(exciting object)과 거절하는 대상(rejecting object)에 초점을 두었다. 이론적 배경이 너무 광범위하게 전개되는 것을 지양해야 하는데, 생각과 달리 광범위하게 다루어지는 것은 아닌지 불안하기도 했다.

1. 가정폭력 가해자에 대한 이해
1) 가정폭력 가해자의 특성
2) 가정폭력 가해자의 발생 원인
2. 그림책에 대한 이해
1) 독서치료와 그림책
2) 그림책의 상징성과 은유
3. 동일시에 대한 이해
1) 동일시의 형태
2) 동일시의 영향력

3. 연구 절차와 과정

클랜디닌과 코넬리는 내러티브 탐구의 과정을 편의상 다섯 단계로 나누어 설명하지만, 이러한 단계들이 명확히 구분되는 것은 아니다. 국내에 내러티브 연구방법론을 처음 소개한 염지숙은 클랜디닌과 코넬리의 5단계를 소개하면서 자신의 언어로 수정하기도 했다. 사용하는 단계와 용어를 정리하면 다음 〈표 4〉와 같다(염지숙, 2003; Clandinin & Connelly, 2007).

〈표 4〉 내러티브 탐구의 5단계

단계	클랜디닌과 코넬리	염지숙
1단계	현장에 존재하기 –이야기의 속으로 들어가기	현장에 들어가기 –이야기 속으로 걸어 들어가기
2단계	현장에서 현장 텍스트로 이동 –이야기 공간에 존재하기	현장에서 현장 텍스트로 –이야기의 장소에 존재하기
3단계	현장 텍스트 구성하기	현장 텍스트 구성하기
4단계	현장 텍스트에서 연구 텍스트로 –경험에 대한 의미 구성	현장 텍스트로부터 연구 텍스트로 –경험에 대한 의미 만들기
5단계	연구 텍스트 작성하기	연구 텍스트 구성하기

현장으로 들어간다는 의미는 참여자의 이야기(경험) 속으로 들어가 함께한다는 의미이다. 함께한다는 의미는 이미 한 공간에 존재한다는 의미이다. 그렇다면 1단계와 2단계의 경계가 미흡해진다. 1단계와 2단계는 동시에 이루어지므로 두 단계를 구분한다는 것이 의미 없을 수 있다. 4단계와 5단계 또한 비슷한 양상을 보인다. 이처럼 내러티브를 연구하는 초보 연구자는 내러티브 용어의 모호함과 용어에 따른 설명이 어려워 혼란스럽다. 그래서 필자는 용어의 모호함으로 인한 혼란을 줄이기 위해 용어를 정리할 필요를 느꼈고 다음 〈표 5〉와 같이 구분했다.

〈표 5〉 재구성된 내러티브 탐구의 5단계

단계	내용
1단계	현장으로 들어가기 –이야기(경험) 속에 존재하는 단계
2단계	현장에서 현장 텍스트로 이동하기 –이야기(경험)에 존재하며 심층적 관찰, 기록 단계

3단계	현장 텍스트 구성하기 -이야기(경험)된 내용을 정리하는 필사 단계 (심층적 관찰, 기록된 내용을 정리하는 필사 단계)
4단계	현장 텍스트에서 연구 텍스트로 이동하기 -이야기(경험)된 내용에 대한 의미 구성 단계 (필사된 내용에 대한 의미 구성 단계)
5단계	연구 텍스트 구성하기 -이야기(경험)에 대해 다시 이야기(경험)하는 단계 (의미 구성된 이야기를 다시 이야기하는 단계)

클랜디닌은 내러티브 탐구 내의 다양한 입장을 말하며 어떤 것이 더 좋다고 제시하는 것보다 연구자들이 논쟁을 계속하고, 내러티브 탐구자들이 연구하는 현상과 이야기된 경험의 삶 및 그 삶에 대한 말하기를 통해 계속적으로 위치시키는 것에 대해 장려한다고 말했다(Clandinin, 2011, p. 11). 따라서 클랜디닌이 내러티브에서 강조한 단계를 기본으로 하면서 살아낸 이야기와 말해진 이야기, 다시 살아내고 다시 이야기하기를 거듭하고 이야기된 삶을 재조명하는 것에 초점을 두면서 형식의 자유로움을 인정한다고 볼 수 있다.

1. 현장으로 들어가기

1) 내러티브의 시작

2) 참여자 선정과 모집 과정

3) 자료수집 및 자료분석

4) 연구 참여자 소개

2. 현장에서 현장 텍스트로 이동하기

3. 현장 텍스트 구성하기: 가정폭력 가해자의 폭력에 관한 이야기

1) A참여자의 경험 이야기

2) B참여자의 경험 이야기

4. 현장으로 들어가기

내러티브 탐구를 통해 연구자가 특정 분야에 대해 갖고 있던 기존의 사고방식에서 벗어나 새로운 사고방식으로 전환이 이루어질 수 있으며 이미 수행해 오던 분야의 관심 영역을 확장할 수도 있다. 따라서 내러티브의 시작은 어떤 이유로 특정 주제를 선택하고 참여자들을 모았는지가 기술되어야 한다. 다음으로는 참여자 선정과 모집 과정, 자료수집 기간 및 자료분석 방법, 연구 참여자 소개를 다루어야 한다.

어떤 이들은 클랜디닌과 코넬리의 연구 방법을 선택했다면 그들의 방법을 그대로 따라야 한다고 주장한다. 다시 말해, 내러티브는 상담이 아니기 때문에 참여자들의 이야기를 상담적으로 접근해서는 안 된다고 말한다. 그리고 필자의 경우 어떻게 시간성, 공간성, 사회성에 따라 참여자의 경험을 경계 지을 수 있느냐는 것이었다. 그렇다면 클랜디닌과 코넬리의 연구 방법 단계에서도 경계짓기가 불가능하다고 말해야 할 것이다. 명확하게 그 단계를 설명하기란 어려운 문제이다. 그럼에도 경계짓기를 통해 연구 방법의 이해를 도모하고 참여자들의 경험을 좀 더 구체화하여 독자가 참여자의 경험에 공감할 수 있는 틀을 제공하게 되는 것이다. 한마디로 클랜디닌과 코넬리의 연구 방법을 선택했다 해도 확장할 수 있는 선택의 여지가 있다는 사실이다. 프로이트가 정신분석 이론을 정립하며 상담학이나 심리치료의 기본 틀을 마련했다고 해서 모든 학자가 프로이트의 이론만을 고수하지는 않는다. 그 방법에서 조금씩 수정되고 변형되며 발전해 왔다. 이렇듯 내러티브 연구방법론 역시 시대적 흐름에 따라 조금씩 변화하면서 지금에 이르렀다. 이 같은 변화는 시간이 지나면서 획일적인 방식으로 일반화되기는 어려운 질적 연구의 한계를 벗어나려는 방향으로 더욱 발전되었다고 할 수 있다.

연구 초기에 가정폭력 상담소의 시설장과 참여자들은 염려를 표했다. 과연 그림책으로 심리적 역동을 자극할 수 있는가의 여부, 설령 그렇다 해도 자신을 개방할 수 있는가의 여부, 개방이 이루어진다 해도 어느 정도 개방할 것인가의 여부, 목표로 하는 연구에 얼마나 도움이 될 수 있는지를 놓고 고민을 했다. 내러티브에는 음악, 그래픽 아트, 인형극, 시 등을 사용하면서 내러티브의 경계가 확장됐고 변화가 나타나고 있다(Clandinin, 2011, pp. 290-291). 그래서 나는 그림책이 지닌 힘을 믿었고 흔들림에 개의치 않았다.

1) 내러티브의 시작

내러티브의 시작은 연구자의 자서전적 이야기로 시작한다고 했으므로 폭력과 관련된 나의 경험을 기술해야 했다. 그러나 필자는 부모님과의 관계 또는 배우자와의 관계에서 폭력을 경험한 일이 없다. 그렇다면 가정폭력과 관련된 내러티브의 시작을 어떻게 엮어가야 할지 난처해졌다. 그러던 중 시댁에서 집단 구타를 당했던 경험이 떠올랐다. A4 한 장을 훌쩍 넘겨서 내용을 적어 내려가던 필자는 손이 떨리고 가슴이 뛰기 시작했다. 결국에는 서러웠던 감정이 턱 끝까지 차고 올라와 소리 내 울기 시작했다. 마주하고 싶지 않아서 기억 상자의 밑바닥에 위치시키고 떠오르지 못하도록 억압했던 사건이 떠올라 감추고 싶었던 필자의 감정이 폭발했다. 어느 정도 시간이 흐르고 부끄럽기까지 한 필자의 글을 완성해 나가기란 어려웠다. 결국 감당할 수 있는 만큼 기술하기로 했고 내용은 수정되었다. 만약 초보 연구자 역시 이러한 딜레마에 빠지게 된다면, 자서전적 이야기라 하더라도 감당할 수 있을 만큼의 내용을 기술하면 될 것이라 생각한다.

○○시 소재 가정폭력상담소에서 교육받을 기회가 있었다. 상담소에서 연구자가 받은 인상은 '왜, 가정에서 폭력이 발생하는가?'였다. 돌이켜 보니 연구자 또한 원가족은 물론 현재 가족과의 관계에서 크고 작은 폭력 상황에 놓인 경험이 있다. 예방법은 없는지 발생 원인은 무엇인지, 발생 후 대처 방법은 또한 무엇인지 궁금증을 갖게 되었다. 그러던 중 2016년 9월 20일부터 상담을 진행하게 될 기회를 얻었다. 일반 성인 내담자들의 상담도 빈번했으나, 상담소의 특성상 가정폭력과 관련된 상담이 주를 이루었다. 특히 부부간의 폭력으로 인한 가해자와 피해자의 상담이 많았다. 그들과 상담을 진행하던 중 가정은 작은 사회이며, 부부는 가정을 이루는 근간으로 부부관계가 위태로울 경우 가정이 안전하지 못하게 되고, 사회적으로도 해로운 영향을 줄 수 있기에 부부폭력에 관심이 쏠리기 시작했다.

폭력이라는 예민하고 민감한 사안을 다루다 보니 상담을 진행한다는 것이 쉽지 않았다. 친밀감을 형성하면서 그들이 상담에 적극적으로 임할 수 있도록 중간 매개물이 필요했다. 연구자는 2007년 도서관

> 등에서 독서 후 활동을 진행하면서 그림책과 인연을 맺었고, 그림책과 상담을 접목하려 노력하던 중 가정폭력 가해자들과의 상담을 이어가는 매개물로 그림책을 선택하기에 이르렀다. 그림책을 보면서 그들은 어떤 인물이나 상황에 자신의 느낌이나 감정을 투사하거나 동일시하는지를 통해 그들의 경험을 재경험하게 하면서 그들이 폭력을 행사하는 원인, 폭력 발생 후 느껴지는 감정 등을 살펴보고, 더 나아가 폭력의 해결책, 폭력의 재발 방지 등을 살펴 최종적으로 그들의 변화와 성장을 이끌기 위해 이 연구에 임하게 되었다.

필자의 내러티브의 시작을 두고 '개인적 정당화가 부족하다. 그렇다면 실제적 정당화와 사회적 정당화를 어떻게 설명할 수 있느냐?'라고 묻는다면 이제는 말할 용기가 생겼다. 필자는 어느새 50대의 중년 여성이 되었다. 내가 왜 폭력이라는 단어에 자유롭지 못하고 온 신경을 쓰면서 나 자신을 폭력이라는 단어에 구속하고 있는가를 생각해 보았다.

시부모를 모시고 신혼살림을 차려 최선을 다해 살아온 필자가 시댁 식구들에게 집단폭력을 당했을 때 나라는 사람이 사라지는 경험을 했다. 한마디로 억울했고 내가 이토록 가치가 없는 사람이었던가, 대여섯 명이나 되는 사람들에게 짓밟히는 이 순간 내가 할 수 있는 일은 동물과도 같은 울부짖음이었으며, 나중에는 '너희들 마음대로 해라'라는 자포자기 상태에 이르렀다. 폭력 가정에서 벌어지는 가해자와 피해자의 상황은 필자와 크게 다르지 않았을 것이다.

스스로 가치 있는 존재가 되고 싶었지만, 폭력 앞에서는 가치 있는 한 개인으로 존재하기보다는 삶의 의미를 잃어 가는 쓸모없는 한 인간으로 존재할 뿐이다. 길 위에 떨어진 낙엽은 길이 더럽혀진다는 이유로 깨끗이 청소되어야 하고 피해자의 삶은 급기야 쓰레기통에 처박히듯 의미 없는 삶으로 전락하고 만다. 그러나 필자는 피해자를 바라보기보다 가해자를 선택했다. 그들은 자신을 어떤 존재라고 여기고 있을까? 필자가 만난 가해자들은 자신을 모두 피해자라고 말했다. 그들의 말처럼 시댁 사람들 역시 피해자였을까? 살다 보니 어느새 가해자와 동일시되어 불안한 순간을 피하고자, 공포스러운 상황을 정리하고자 폭력을 행사해야만 했을까? 그러나 그 순간을 폭력으로 정리해야만 상황이 종료되는 것은 아니다. 폭력의 가해자나 폭력의 피해자나 안타까운 인간, 비극적인 인간이 되는 순간이 된다. 즉, 폭력은 어떤 방식으로든 만족스러운 결과라는 것이 존재할 수 없고 정당화될 수 없음을 깨닫게 된다.

이는 실제적 정당화와 연결된다. 필자는 어느 순간 남편이나 아이에게 소리를 지르는 언어폭력을 행사하는 가해자가 되어 있었고, 피해자였던 필자의 참여자들 역시 가해자가 되어 있었다. 우리는 서로의 경험을 공유하면서 가해자라는 시선으로 바라본 필자의 참여자들과 가해자라고 바라본 필자의 시댁 가족들, 그들이 처음에는 피해자였다는 사실 등이 시간의 경과에 따라 각자의 경험을 바라보는 데 변화가 일어나며 여러 의미를 부여하게 했다.

한마디로 가정폭력을 개인의 경험으로 여기기보다 사회 전체적으로 악순환의 고리라는 점과 폭력 앞에서는 누구든 편익을 얻는 자가 없음을 알게 된다는 점이다. 폭력이란 것이 인간을 정신적으로 어떻게 파괴하며 자신뿐 아니라 세대전수적인 면이 있다는 사실을 알릴 필요가 있다. 즉, 사회적 정책의 정당화로 연결될 수 있다. 이런 이유로 나는 가정폭력에 대해 더 연구하고 알릴 필요가 있다고 여겼기 때문에 연구 주제로 정하였다.

2) 참여자 선정과 모집 과정

내러티브에서 참여자 선정이 어렵다 보니 지인을 대상으로 하거나 소개를 받는 경우가 많다는 사실을 알게 됐다. 지인이라면 이미 라포는 형성되었을테지만 얼마나 정보를 제공할지 의문이 든다. 소개를 받았다면 라포를 형성하고 상호 협력적인 관계에서의 연구 진행을 위해 참여자들과 식사나 차를 같이하는 경우가 있고, 멀리 떨어진 지역에 살고 있으면 연구자가 해당 지역으로 간다는 이야기를 들었다. 그러나 필자는 참여자를 선정하는 데 그리 어려움을 겪지 않았다. 다만, 그림책이 가정폭력 가해자에게 적용 가능한가를 두고 예비 상담 진행이 필요했다. 마침내 가정폭력 가해자에게 이 방법을 적용 가능하다는 결론을 얻고 참여자가 확보되었을 때 윤리적 문제를 고려하는 차원에서 연구와 관련된 내용을 다시 한번 설명하였고 언제든 철회할 수 있다는 점을 알린 후 동의서를 받았다.

2016년 9월 20일, 처음 시도하는 가해자 상담은 순조롭지 않았다. 가해자들은 폭력의 정당성과 합리화로 일관했기 때문에 상담이 더디게 진행되었다. 더구나 쌍방 가해자로 법원으로부터 상담 명령을 받은 40대 여성과의 상담은 어려움이 많았다. 자녀와의 마찰도 심각한 상황이었으며, '변화' '자질' 등의 의미를 모르기 때문에 어린아이를 대하듯 유아적 표현을 사용해야 했다. 사고를 필요로 하는 질문에 "나는 그런 거 몰라요."라는 말만 되풀이했고, 배우자에 대한 불만, 자신이 왜 상담을 받아야 하는가에 대한 불만만 늘어놓았다. 그러던 중 "그림책을 상담에 적용하면 어떨까?"라는 생각에 여러 권의 그림책을 제시하자 『고함쟁이 엄마』를 선택했다. 내담자는 엄마 펭귄이 아기 펭귄에게 소리를 질러 몸이 이리저리 흩어지는 장면에서 "내가 잔소리 좀 하면 딸년이 고래고래 소리 지르면서 '미쳐버리겠다, 진짜.' 이러는데 이런 건가 봐, 몸이 다 찢어지는 것 같은 기분인가 봐요, 그쵸?"라는 말을 내놓았다. 그리고 한마디 덧붙였다. "우리 할머니도 나한테 이렇게 소리 질렀는데." 이를 토대로 가족에 대한 이야기의 물꼬가 트였다. 『지각대장 존』에서는 권위적인 선생님의 모습을 보면서 "우리 남편이 이런다니까. 나한테 좋은 말 좀 해 주면 안 되나? 이렇게 길길이 날뛴다니까요."라고 말했다. 그때 어떤 말을 듣고 싶은지를 묻자 "잘한다고 말해 주면 나도 할 수 있어요."라고 말했고 자신이 잘하는 것이 무엇인지 알아보기도 하였다. 이에 소장님께 다른 가정폭력 가해자로 확대해 연구해도 되는지를 여쭤 봤고 소장님은 얼마든지 가능하다며 지원해 주겠다고 했다. 이 연구는 이렇게 시작되어 본격적으로 진행되기에 이르렀다.

연구는 상담 명령을 받은 가해자를 대상으로 하였으며, 사건이 경미하거나 변화 가능성이 높은 참여자를 미리 선정하는 대신 가해 대상자들과 5~6번의 만남을 갖고 친밀감이 형성된 후 연구 주제와 방법을 설명하였다. 연구는 7명에서 출발하였으나, 그중 피해자가 있었고 녹취를 거부하는 대상자도 있어 최종적으로 연구에 동의한 2명만이 참여자로 선정되었다. 참여자는 30대 후반이며 결혼생활은 5년 이내이다.

3) 자료 수집 및 분석

연구를 진행하면서 참여자와 메일이나 문자를 주고받았다는 기록을 볼 수 있었다. 그러나 생생한 체험을 기록하고 글로 옮겨야 한다면, 현장에서 참여자들과 직접 부딪히며 정보를 얻는 편이 좀 더 나은 자료수집이라고 여긴 나는 주 1회 정기적으로 만나며 그들의 언어는 물론 비언어적인 소통 방식을 체험하면서 풍부한 자료를 얻을 수 있었다.

(1) 자료수집 기간

가정폭력 가해자와의 만남은 2016년 9월 20일~12월 27일까지 예비 면담으로 진행되었고 연구에 필요한 본격적인 면담은 그 이후 시작되었다. 참여자 A는 2017년 1월 10일~7월 4일까지 진행하였는데, 직장 문제로 인해 화요일과 목요일 중 시간이 되는 요일의 오후 3시에 1시간가량 면담이 이루어졌다. 참여자 B는 2017년 3월 23일~9월 5일까지 매주 목요일 오전 10시부터 1시간가량 진행되었다. 그러나 시간 조율이 어려울 경우 참여자 B도 화요일에 면담을 진행하기도 했지만, 시간은 동일하게 10시에 이루어졌으며 각각 15번의 만남을 가졌다.

그림책을 선정하는 데 있어서는 2016년 12월 15일~2017년 2월 18일까지 국립도서관, 국립어린이청소년도서관을 방문하여 자료를 조사하였고, 남산도서관과 부산대학교도서관의 경우는 담당자와 전화 또는 메일을 주고받으며 도서 목록을 조사하였다. 이 외에 한국도서관협회의 자료를 검색하였고 인근 도서관을 방문하는 등의 방법을 통해 이 연구를 위한 도서 목록을 작성하였다. 최종적으로 독서치료와 관

> 련된 교수님과 현직 독서치료사로 활동하는 선생님, 상담학을 전공하는 동료들에게 자문하였다.

그림책과 관련된 자료를 수집하기 위해 인근 도서관이나 국립도서관을 방문하는 횟수가 잦아지고, 원하는 자료를 얻기 위해 메일이나 전화를 주고받는 시간 투자에서 나라는 사람이 도서관에 갖고 있는 이미지를 수정하게 만들기도 했다. 예전이라면 도서관은 휴식을 취하는 곳, 놀러 가는 곳, 아이와 함께하는 곳, 많은 그림책이 넘쳐나 웃음 짓게 하던 곳이었다. 연구가 시작되면서 도서관은 넘쳐 나는 자료들로 인해 부담을 느끼는 곳으로 바뀌고 있었다. 어떤 그림책을 선정해야 참여자들의 경험을 더 이해할 수 있을지 의문이 드는 곳이 되었다.

필자의 경우처럼 매체를 활용한다면, 참여자를 만나기 전 어떤 방식으로 매체를 사용할 것인가에 대한 구도가 잡혀야 한다. 또한 참여자와 어떤 이야기를 나눌 것인가에 대한 질문이 확보되어야 한다. 필자가 준비한 그림책은 30여 권에 달했고 그림책마다 5개 이상의 질문을 준비함으로써 약 150개의 질문을 준비했다.

(2) 자료분석 방법

> 그림책은 〈표 6〉에 선정된 그림책에서 시간성, 공간성, 관계성 중 참여자의 선택에 따라 제공되었고 몇 권의 그림책을 두고 고민할 때는 무엇 때문에 고민하는지를 물었다. 쉽게 선택하지 못하는 경우 목록 대신 그림책을 먼저 제시하고 표지를 보고 선택하도록 하는 경우

도 있었다. 그림책을 선택했을 때 첫 번째 질문은 “어떤 이유로 이 그림책을 선택했나요?”였다. 독서치료에서 그림책을 활용할 경우 제목에서 전개 내용이 유추될 경우를 주의하라고 한다. 그러나 필자는『고함쟁이 엄마』에서는 어머니가 연상되고,『아빠, 달님을 따 주세요』에서는 아버지가 연상되기를 바랐다. 표지에서도 그러한 연상이 필요했다. 그들의 시선이 처음 머무는 그림책에 초점을 두었다. 이는 참여자가 내면의 갈등 상황과 마주하고 있음이라 파악되었기 때문이다. 그리고 몇 권의 그림책은 겹치지만 다루는 주제가 다르기 때문에 안심하고 선택했다. 같은 책을 읽는다고 해서 같은 주제를 발견하는 것은 아니다. 책을 읽고 난 후에는 참여자에게 “어떤 장면이 가장 기억에 남나요?” 또는 “등장인물 간의 대화 중 기억에 남는 말은 무엇인가요?”라고 물어 동일시를 살폈다. 또한 질문지를 통해 어떤 사건이나 등장인물에 동일시하는가를 좀 더 살폈다. “여러 개의 질문 중 처음으로 이야기 나누고 싶은 문항은 무엇인가요?”라는 질문을 통해 본격적으로 질문지를 이용한 면담을 시작했다. 그러나 모든 면담에서 그림책을 사용한 것은 아니다. 지난 면담과 이어지는 경우 사용하지 못하는 경우도 있었다. 이 외에 자료수집 방법으로는 참여자와의 동의하에 시작한 녹음 내용과 전사지, 그들과 나눈 언어적인 대화와 비언어적인 대화를 기록한 현장 노트와 현장에서 담지 못한 내용을 정리하여 기록한 연구 일지를 토대로 하였다.

내러티브는 시간성, 공간성, 사회성이라는 3차원적 탐구 공간이 앞뒤, 안팎으로 서로 영향을 미친다고 했다. 그러므로 내러티브 연구자는 자신뿐 아니라 참여자의 삶에도 깨어 있어야 한다고 했다.

그런데 연구를 진행하다 보면, 이러한 사실을 쉽게 잊게 되고 3차원적 내러티브 탐구 공간 역시 잊게 되었다. 3차원적으로 공간을 시각화한다면 잔상이 오랫동안 남을 수 있으리라 여겼고, 나름 구성해 보면서 [그림 3]과 같은 그림을 완성하기에 이르렀다. 이를 기본으로 시간성, 공간성, 사회성에 따라 그림책을 분류하고 질문지를 완성해 나갔다.

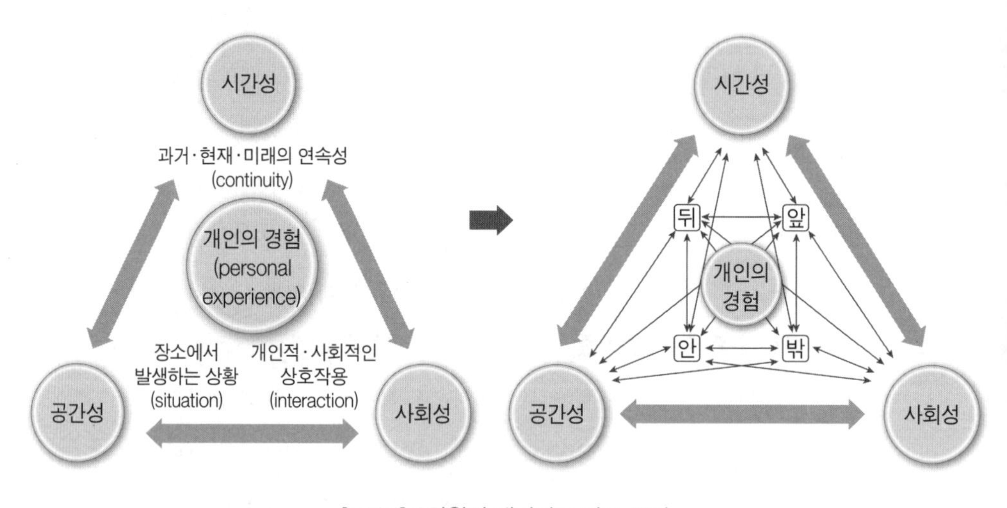

[그림 3] 3차원적 내러티브 탐구 공간

누군가는 이의를 제기할 것이다. 어떻게 시간성(temporality), 공간성(place), 사회성(sociality)을 분류하고 그에 따른 그림책 선정이 가능하냐고 말이다. 그렇다면 클랜디닌과 코넬리의 내러티브의 3차원적 탐구 공간 역시 부정한다는 의미가 된다. 내러티브의 5단계를 언급할 당시 각 단계를 구분하는 것은 의미가 없다고 밝혔으나, 지면에 연구 방법을 기록하기 위해서는 구분짓기가 필요하다고 했다. 3차원적 내러티브 탐구 공간 역시 각 공간을 구분하고 설명짓기란 모호해서 어렵다. 지면을 이용하고 있는 이상 경계짓기를 통해 설명하고 적용할 수밖에 없다.

시간성은 과거, 현재, 미래의 수순을 밟기 때문에 아동기, 청소년기, 성인기, 노년기로 분류했다. 아동기는 6~11세, 청소년기는 12~19세, 성인기는 20~64세, 노년기는 65세 이후로 정의했다. 공간성은 가장 작은 공간인 집에서 출발해 학교를 거친 후 사회에 진입하게 되므로 그에 따라 분류했다. 관계성은 크게는 가족 1, 친구, 선생님으로 분류했는데, 여기서는 가족을 조부모, 부모, 형제자매, 부부로 분류해 세부적으로 나눴으며, 가족 2에서는 가족이란 커다란 틀에서 시작해 다양한 가족 구성원의 이야기를 다룰 수 있는 그림책을 선택해 접근했다(조난영, 2020, pp. 36-37).

그림책 선정에서 그림책을 분류할 때 모댈리티(modality)라는 개념을 사용했는데, 모댈리티란 인위적이고 객관적으로 분류하는 방식이 갖는 한계를 넘어서 그림책이 전달하는 주관적인 측면을 포함하는 실재(reality)에 대한 다면적인 이해 방식을 의미한다(현은자, 김세희, 2005, pp. 50-51). 그림책은 다양하게 접근할 수 있는 주제를 담고 있으므로 기존의 분류와 다를 수 있음을 밝혔다. 한 영역에 두 권의 그림책을 선택한 이유는 내담자가 소장하고 있는 책과 중복될 가능성에 대비하고자 했으며, 발문은 그림책마다 다르게 제시했지만 한 영역에 해당할 경우 공통되는 발문을 사용하면서 참여자의 경험을 예의 주시했다.

특히 사회성은 관계성으로 분류했는데 참여자의 영향도 있었다. 참여자들은 "사회성? 어떤 의미죠? 관계적인 걸 말하나요?"라고 되묻곤 해서 관계성으로 수정하고 안내했더니 이해의 속도가 빨랐다.

(3) 선정된 그림책

국내에서는 독서치료를 위한 적절한 상황별 독서 목록이 작성되지 않았다. 산발적으로 독서치료 교육기관이나 공공도서관 등에서 제한된 범위의 목록을 작성하였지만, 상황에 대한 분류가 체계적이지 않다는 한계가 있다. 그림책은 다양하게 접근할 수 있는 주제를 담고 있기 때문에 모델리티의 개념을 이용하였으므로 기존의 분류와 다를 수 있음을 밝힌다. 그리고 이 연구는 내러티브 탐구에 바탕을 두고 진행되었기에 내러티브의 특징인 시간성, 공간성, 사회성에 맞추어 분류해 보았다. 단, 사회성은 교류적이고 관계적이다. 그러므로 사회성은 관계성으로 분류하였으며 연구자는 사회성과 관계성을 같은 의미로 사용하고 있음 또한 밝힌다.

〈표 6〉 선정된 그림책

<table>
<tr><th colspan="2">시간성</th><th colspan="2">공간성</th><th colspan="3">관계성</th></tr>
<tr><td rowspan="4">아동기</td><td rowspan="4">• 그래도 엄마는 너를 사랑한단다
• 괴물들이 사는 나라</td><td rowspan="4">집</td><td rowspan="4">• 만희네 집
• 뒷집 준범이</td><td rowspan="4">가족 1</td><td>아버지</td><td>• 아빠, 달님을 따 주세요
• 코끼리 아저씨와 100개의 물방울</td></tr>
<tr><td>어머니</td><td>• 고함쟁이 엄마
• 우리 엄마</td></tr>
<tr><td>형제자매</td><td>• 달라질 거야
• 터널</td></tr>
<tr><td>부부</td><td>• 두 사람
• 어디로 갔을까, 나의 한쪽은</td></tr>
</table>

<table>
<tr><td rowspan="2">아동기</td><td rowspan="2"></td><td rowspan="2">집</td><td rowspan="2"></td><td>가족1 조부모</td><td>• 우리 할아버지
• 할머니가 남긴 선물</td></tr>
<tr><td>가족2</td><td>• 백만 년 동안 절대 말 안 해
• 나는 기다립니다</td></tr>
<tr><td>청소년기</td><td>• 말괄량이 기관차 치치
• 너는 특별하단다</td><td>학교</td><td>• 까마귀 소년
• 틀려도 괜찮아</td><td>친구</td><td>• 친구랑 싸웠어
• 우리는 좋은 친구</td></tr>
<tr><td>성인기</td><td>• 고릴라
• 돼지책</td><td rowspan="2">사회</td><td rowspan="2">• 세 강도
• 네 맘대로 세상을 칠해 봐!</td><td rowspan="2">선생님</td><td rowspan="2">• 지각 대장 존
• 틀려도 괜찮아</td></tr>
<tr><td>노년기</td><td>• 아낌없이 주는 나무
• 나는 기다립니다</td></tr>
</table>

4) 연구 참여자 소개

(1) 참여자 A

30대 후반 남성으로 세 살 된 아들과 다섯 살 된 딸, 두 명의 자녀를 두고 있다. 배우자와의 몸싸움이 심각한 상황에 이르게 되는데 잠깐 틈이 생긴 사이 아내가 경찰에 신고했다. 배우자 때문에 여기 오게 됐다고 비난하지는 않지만 다름이 있음을 인정하면 된다고 여러 번 말했다. 몸에는 문신이 있었고 다부진 체형이다. 직업 특성상 모자를 눌러 쓰고 오는 경우가 많았고 바쁜 일상을 보내고 있으므로 시간을 쪼개 가며 참여하였다. 최근 은사의 도움으로 활동 범위가 확장해 상기되어 있다. 어렸을 때부터 남동생과 이유도 없이 아버지께 많이 맞았고 어머니는 방관자처럼 보기만 했기 때문에 부모님에 대한 감정이 그리 좋은 것만은 아니다. 아직도 외골수인 부모님은 말이 통하지 않는 대상이며 말해 봤자 소용없는 대상이다. 참여자는 어린 시절 많은 부분 이해받지 못했기 때문인지 이해해 주면 아무런 문제가 생기지 않는다는 말을 자주 하였다.

(2) 참여자 B

30대 후반 여성으로 한 남성을 만나 단 한 번의 관계로 임신이 되었다. 사소한 말다툼은 빈번하게 몸싸움으로 가게 되는데, 이번에도 사소한 일 때문에 시작된 말다툼이 머리채를 잡고 주먹을 휘두르는 등 몸싸움으로 번져 경찰을 불렀고 여기까지 오게 되었다. 면담은 항상 남편이 먼저 트집을 잡는다는 남편에 대한 비난으로 시작되었다. B의 절제된 웃음과 고개 끄덕임은 초등학교 선생님 같은 인상을 풍겼다. 어린 시절부터 직장생활하는 어머니 대신에 집안일을 하고 남동생을 보살피는 역할을 해야 했다. 바쁜 어머니가 이해되지만 참여자에게 잘했다든가 수고했다는 말을 단 한 번도 하지 않았고, 남동생에게는 각별했기 때문에 은연중에 남동생을 미워하기도 했다. 아버지가 일찍 돌아가셔서 남자에 대해, 아버지에 대해 아는 것이 없다고 한다. 새아버지라고 부르고 싶지 않은 남성과 같이 살게 되었는데, 어머니에게 폭력을 휘둘렀으며 자신과 남동생에게도 폭언과 폭력을 일삼았다.

5. 현장에서 현장 텍스트로 이동하기

내러티브 탐구자들이 참여자들의 경험을 연구하는 듯하나 참여자들과 함께하는 순간부터 참여자의 일부로 기능하게 된다. 그래서 클랜디닌과 코넬리는 "사랑에 빠져야만 한다."라고 했다. 그래서 참여자들이 들려주는 이야기에 몰입하다 보면 그들의 상처를 다독여 주고 싶다는 충동을 느끼곤 했다. 그럴 때면 안타까움에 나도 모르게 한숨을 짓곤 했고, 참여자들이 상실감을 경험하던 그 순간 단 한 사람이라도 곁에 있어 주었다면 그들이 삶의 이야기를 어떻게 풀어 내었을까 궁금해지기도 했다. 한 참여자는 바쁜 직장생활에서 시간을 쪼개며 참여했고, 다른 참여자는 아이를 데려오기도 했다. 변화를 위해 노력하고 있는 모습을 보면서 지금까지의 삶이 이렇게 고단했겠지라며 그들을 응원하기도 했다. 하지만 건강한 부부관계를 유지하지 못하고 배우자를 비난하면서 폭력에 휩싸인 그들을 고운 시선으로 바라보기 어려울 때도 있었다. 사랑에 빠지지만 냉담하게 관찰하기를 유지하려 했고 그들의 기억이 파편화되어 배우자를 비난하지만, 배우자들이 의미 있는 대상이 될 수 있다는 부분을 놓치지 않으려고 했다. 즉, 그들의 해석이 주관적으로 치우칠 수 있듯 연구자의 경험에 의해 주관적으로 치우치지 않도록 주의를 기울이면서 내부로 돌아오기와 외부 관찰하기를 반복해 나갔다.

6. 현장 텍스트 구성하기

논문을 준비하면서 현장 텍스트 구성하기까지가 가장 힘든 작업이었다. 여기까지 진행되었다면 다음 단계를 비롯해 결론으로 이어지는 작업은 그래도 수월했다고 느껴진다. 이론적 배경과 현장 텍스트를 기반으로 정리해 나가면서 마무리 작업이 가능했기 때문이다.

그림책은 참여자들이 자신의 이야기가 아닌 그림책 속 등장인물의 이야기를 하게끔 한다. 그러나 이것은 자신의 이야기가 반영되는 것으로 참여자들의 방어를 약화시킨 결과이다. 그림책을 통해 참여자들의 이야기를 풀어내도록 했던 것으로 동일시 현상이 일어났던 것이다. 즉, 등장인물과 참여자가 심리적으로 특정 부분을 공유하면서 연결점을 발견한 것이다. 따라서 그림책은 폭력이라는 쉽지 않은 대상자를 선정해 이야기를 끌어가야 하는 부담을 내려놓을 수 있는 촉진제 역할을 했다. 만약 매체를 활용하고 내러티브 탐구 방법을 적용하려는 연구자가 있다면 무엇보다 어떤 이유로 해당 매체를 사용하려고 하는지 그 목적이 뚜렷해야 할 것이다.

그림책은 참여자들의 이야기가 아니라 그림책 속 등장인물에 관한 이야기를 나눈다고 생각하기에 방어적인 태도를 보이는 그들과 라포를 형성하기에는 안성맞춤이었다. 참여자들은 그림책과 대화하기 시작했다. 마음에 와닿는 부분에서는 등장인물과 동일시하면서 등장인물에 대한 동정이나 미움을 전달했고 등장인물에 대한 아쉬움이나 사랑의 감정을 공유하곤 했다. 그들 개인의 역사는 등장인물의 역사와 함께하기 시작했다. 참여자들의 이야기는 녹음되었고 전사되어 현장 텍스트로 남게 되었다. 참여자들이 가정폭력이라는 주제를 갖고 시간성, 공간성, 관계성에서 어떠한 동일시가 일어나는가는 참여자들의 일상생활이나 가치관, 정체성 등 다양한 정보를 통해 파악할 수 있었다.

여기서 필자는 분명 중요하다고 여겼던 부분이지만, 심사를 받으면서 필요 없는 부분이라든가 적절한 설명이 이루어지고 있지 않다든가 하는 피드백을 받았을 때 이해하지 못하고 고개를 갸웃거리기도 했다. 그러나 논문에서 내 생각과 의견을 주장하기보다는 무엇을 연구하려고 했는지 맥락적인 부분을 연결지어 가며 전개할 필요가 있었고 그럴싸한 미사여구를 사용할 필요가 없다는 점이다. 이렇게 되면 연구자의 목소리가 덧입혀지는 경우라고 할 수 있다.

〈표 7〉 참여자 A가 선택한 그림책

시간성	공간성	관계성
• 그래도 엄마는 너를 사랑한단다(아동기)	• 틀려도 괜찮아(학교)	• 나는 기다립니다(가족 2)
• 너는 특별하단다(청소년기)	• 네 마음대로 세상을 칠해 봐!(사회)	• 달라질 거야(형제자매)
• 아낌없이 주는 나무(노년기)		• 틀려도 괜찮아(선생님)

〈표 8〉 참여자 B가 선택한 그림책

시간성	공간성	관계성
• 그래도 엄마는 너를 사랑한단다(아동기)	• 뒷집 준범이(집)	• 우리 엄마(어머니)
• 괴물들이 사는 나라(아동기)		• 두 사람(부부)
• 나는 기다립니다(노년기)		• 어디로 갔을까, 나의 한쪽은(부부)
		• 백만 년 동안 절대 말 안 해(가족 2)

참여자들의 경험을 적절히 설명할 수 있는 제목을 시간성, 공간성, 관계성에 따라 다음과 같이 붙여 보았다. 나름의 제목은 몇 번의 수정 작업을 거쳤고 제목을 좀 더 충분히 설명할 수 있는 텍스트를 찾아야 했다.

1) 참여자 A의 경험 이야기

(1) 시간성

① 아동기: 나도 사랑받았던 적이 있다?

② 청소년기: 내 곁에 사랑, 관심이란 말은 없다

③ 성인기: 내 삶은 내가 만들어 간다

④ 노년기: 현명한 아버지로 남고 싶다

(2) 공간성

① 집: 폭력 안에서 자라는 나

② 학교: 친구는 모르고 힘의 세계는 알아

③ 사회: 내가 원하는 대로

(3) 관계성

① 아버지: 이기적, 개인적, 보수적인 무능력자

② 어머니: 당신마저 나를

③ 동생: 너도 나와는 달라

④ 선생님: '틀려도 괜찮아'라고 말해 줬더라면

⑤ 아이: 집에 가고 싶은 이유

⑥ 아내 1: 나를 이해해 줘, 제발

⑦ 아내 2: 당신이 있기에 내가 있어요

2) 참여자 B의 경험 이야기

(1) 시간성

① 아동기: 나는 아직 어려요

② 청소년기: 여전히 힘든 나

③ 성인기: 유능한 직장인

④ 노년기: 삶은 기다림의 연속

(2) 공간성

① 집: 나도 쉬고 싶어요

② 학교: 탈출구였어요

③ 사회: 따뜻한 세상

(3) 관계성

① 아버지: 아버지란 존재는 없다

② 어머니: 칭찬받고 싶었어요

③ 남동생: 나도 사랑받고 싶었어요

④ 아이: 애기 아빠 모습이 보여요

⑤ 시댁: 제 편은 없어요

⑥ 선생님: 예뻐하셨어요

⑦ 남편 1: 이 아이만 아니었어도

⑧ 남편 2: 둘째를 갖고 싶어요

7. 연구 결과

연구 결과는 내러티브 탐구 방법의 4단계와 5단계가 적용된다고 판단했고 그에 맞춰 기술했다. 참여자 A는 폭력적인 아버지를 닮고 싶지 않았다는 것과 참여자 B는 무척 사랑받고 싶었다는 자기 자신을 만났다. 참여자들은 새로운 인생 각본을 엮어 가기 위해 나름의 노력을 했지만, 새로운 인생 각본은 구시대적 인생 각본에서 크게 벗어나지 않았다. 오히려 그 각본을 재현하고 있었다는 것을 발견하게 되었다. 성숙하지 못했던 자신을 만난 그들이 가장 염려하고 주체할 수 없는 후회가 있었다면, 그건 아마도 세대전수적인 부분으로 자신의 자녀가 자신과 같은 행동을 반복한다고 판단될 때 느껴지는 불안이나 공포감이었다.

4. 구성된 현장 텍스트에서 연구 텍스트로 이동하기
5. 연구 텍스트 작성하기
   1) 그림책을 통한 동일시 경험의 상호작용과 반응
   2) 폭력 경험과 관련된 반응
   3) 폭력 발생의 원인
   4) 가정폭력의 의미와 재해석

8. 구성된 현장 텍스트에서 연구 텍스트로 이동하기

네 번째 단계로 이야기된 내용에 대한 의미 구성 단계이며 정당화, 현상, 방법을 고려해야 한다고 했다. 의미와 사회적 중요성에 대한 계속되는 질문과 그에 따른 답이 있어야 하기 때문이다. 따라서 연구자의 경우 어떤 이유로 가정폭력을 연구하는가, 특히 어떤 이유로 가해자이고 어떤 이유로 그림책을 사용해 동일시를 살피는가를 끊임없이 물어야 했다. 따라서 가정폭력 가해자들이 과거 경험했던 폭력과 현재 경험하고 있는 폭력 사이에 어떤 관계가 있으며 그들은 폭력을 어떤 시각으로 바라보았고 폭력에 대해 어떻게 느끼고 있는지가 중요했다.

그림책 역시 마찬가지였다. 그림책과 관련한 경험은 어떠했으며, 현재 그림책을 어떻게 느끼고 있고 그림책을 통해 그들의 역동은 어떤 방식으로 나타날 것인가에 대한 물음을 던지고 답을 구해야 했다. 더 나아가 가정폭력이 가족에게 미치는 영향, 폭력에 대한 가족들의 이해와 반응, 시간성, 공간성, 관계성에 따른 그림책의 분류가 참여자의 경험을 이해하는 데 있어서 적절하게 제공되고 있느냐는 질문을 끊임없이 던지곤 했다.

9. 연구 텍스트 작성하기

연구 텍스트를 작성하면서 연구자는 긴장과 딜레마에서 갈등했다. 더구나 가정에서 벌어지는 폭력은 민감한 사안이기 때문에 폭력이라는 주제로 놓고 참여자들의 거칠고 투박하며 날카롭기까지 한 그들의 목소리에 어떻게 서명해야 하는가에 대해 고민하였으며 사회적으로 다가가기 위해 독자 또한 고려해야 했다. 이미 존재하는 참여자들의 이야기에 의미를 구성하고 다시 이야기되는 과정을 통해 참여자뿐 아니라 연구자도 균형을 유지하려 했으며, 그들의 이야기가 재경험되면서 새로운 이야기로 다가갈 수 있도록 하였다.

연구 텍스트 작성하기는 해당 연구의 결과에 해당하므로 이론적 배경에서 다룬 개념들을 따라가며 정리해 나갔다. 즉, 필자의 경우 이론적 배경에서 가정폭력 가해자, 그림책, 동일시에 관해 정리했듯 이론적 개념들이 참여자들의 삶의 이야기와 어떤 연결점을 갖는가에 대해 기술하였다. 필자의 경우 다음과 같이 정리하였는데, 순서가 좀 달랐으면 어땠을까 하는 아쉬움도 있다.

1) 그림책을 통한 동일시 경험의 상호작용과 반응

(1) 동일시를 촉진하는 요인

① 주체를 중심으로

② 의미 있는 대상

③ 그림과 색

④ 시간의 연속성

⑤ 시간성에서 공간성으로 이동

⑥ 한 공간에서 다른 공간으로의 이동

(2) 동일시를 방해하는 요인

① 다양한 정보

② 많은 글

③ 주관적 판단의 불일치

2) 폭력 경험과 관련된 반응
(1) 부부의 폭력성
(2) 무력감과 죄책감
(3) 세대전이의 우려
3) 폭력 발생의 원인
(1) 시간성에 따른 원인
(2) 공간성에 따른 원인
(3) 관계성에 따른 원인
(4) 동일시를 통한 폭력 발생의 원인
4) 가정폭력의 의미와 재해석
(1) 시간성에 따른 의미와 재해석
(2) 공간성에 따른 의미와 재해석
(3) 관계성에 따른 의미와 재해석
(4) 동일시를 통한 폭력 발생의 원인

〈표 9〉 동일시를 통한 폭력 발생의 원인

	시간성	초기 반응	공간성	초기 반응	관계성	초기 반응
A	• 그래도 엄마는 너를 사랑한단다(아동기)	자녀	• 틀려도 괜찮아(학교)	자신	• 나는 기다립니다 (가족)	자녀
	• 너는 특별하단다(청소년기)	아내	• 네 마음대로 세상을 칠해 봐(사회)	자신	• 달라질 거야(형제자매)	동생
	• 아낌없이 주는 나무(노년기)	직원 자녀			• 틀려도 괜찮아(선생님)	선생님

B	• 그래도 엄마는 너를 사랑한단다(아동기)	어머니	• 뒷집 준범이(집)	자녀	• 우리 엄마(어머니)	자녀 어머니
	• 괴물들이 사는 나라(아동기)	자신			• 두 사람(부부)	자녀 남편
	• 나는 기다립니다(노년기)	자녀			• 어디로 갔을까 나의 한쪽은(부부)	남편
					• 백만 년 동안 절대 말 안 해(가족)	자녀

필자의 논문에서 가장 큰 의미는 동일시를 통한 가정폭력의 의미와 재해석이다. 참여자는 배우자를 충분히 이해하고 우선순위에 두지만, 배우자는 자신에 대한 이해가 부족하고 우선순위에서 밀린다고 거듭 강조했다. 이 문제는 폭력이 발생하는 빌미가 된다고 했으나, 〈표 9〉를 통해서 알 수 있듯이 초기 반응은 배우자보다는 다른 가족 구성원에게 향하고 있었다. 이를 정리하는 차원에서 표를 만들어 두었다.

10. 결론

1. 요약
2. 함의
3. 제언

결론에서는 논문의 연구 문제에서 비롯되어 결과까지 이어진 내용을 요약하고 함의와 제언을 끝으로 마무리 지었다. 내러티브에서 해석하고 또 해석하는 과정을 거치는 이유는 단 한 번의 해석으로 '그 사람은 이럴 것이다'라고 단정 짓는 오류에서 벗어나기 위한 것이다. 누군가의 경험을 공식에 대입해 수학적으로 계산한다든가 단 한마디로 결론 내리기란 무모하고 섣부른 판단이 될 수 있으므로 다양한 측면에서 해석되어야 한다. 아마도 우리는 추악한 모습이나 이상적인 모습을 표현하는 이분법적인 표현에 익숙하고, 그런 결론을 담아 두는 저장고를 갖고 있어서 다른 모습으로 표현될 경우 충돌하게 되어 불편해하는지도 모른다.

자아의 역할이 현실의 원리에 따른다고 해도 확실하고 기본적인 원리를 적용하고 유지하는 자아란 존재하기 어렵다. 설계하고 다시 설계하면서 수정을 반복한다. 과거에 대한 연민이나 후회가 재료가 될 수 있으며 미래에 대한 희망이 재료가 될 수도 있다. 그렇다고 가지고 있는 모든 재료를 다 처분하고 새로운 재료로 구성되어야 하는 것은 아니다. 분명 축적된 삶의 재료는 있다. 새로이 첨가된 삶의 재료와 축적된 삶의 재료가 잘 섞이면 개인을 설명할 수 있는 독자적인 내러티브로 재탄생하게 된다.

우리가 내러티브라는 단어를 사용하고 내러티브의 속성을 안다는 것은 한 인간을 부분적으로 바라보는 대신 전체를 바라본다는 의미가 된다. 우리는 너무도 익숙하게 개인의 일부분만을 선택적으로 취하고 그것이 마치 개인의 전부인양 속단하게 된다. 우리가 살면서 이야기를 만들어 가는 것일 수 있고 혹은 우리가 이야기에 따라 살아가고 있을 수 있다. 따라서 우리의 이야기가 바뀐다면 우리는 지금과는 다른 방식으로 살아갈 수 있다. 결국 이야기의 재구성은 각자의 삶의 이야기를 변형시켜 변형된 이야기대로 다시 살아가도록 한다.

내러티브 탐구의 실제: 사례 III

– 양유성 –

다음 내용은 필자가 2012년 교내 전임 교수들에게 제공하는 학술과제 공모에 제출했던 내용을 약간 수정한 연구계획서이다. 아쉽게도 선정되지 않아 지면에 공개되지 않았던 내용인데, 논문계획서의 형식과 내용을 어떻게 할 것인지 참고할 수 있는 자료로 검토해 보기를 바란다. 내용 중 맨 뒤에 오는 참고문헌은 생략하였다. 참고문헌도 연구의 시작 단계이므로 전체적인 분량에 맞춰 줄이는 것이 좋다. 참고문헌으로 전체 분량을 부풀리는 것은 보기 좋지 않다.

연구계획서(또는 논문계획서)

1. 연구 과제명

30대 미혼 여성의 만혼화 현상에 따른 심리적 갈등 경험에 관한 내러티브 탐구

2. 연구의 필요성과 목적

오늘날 우리 사회는 1인 가구가 1980년 4.8%에서 2010년 23.9%로 늘어나 가족 구성원의 양적 규모가 크게 변했고, 독신 인구는 계속 증가하는 추세에 있다(통계청, 2012). 이러한 1인 가구의 증가는 이혼의 증가와 노인 독신 가구의 증가로 인한 이유도 있지만, 젊은 세대의 결혼관의 변화에 따른 만혼의 증가가 큰 원인이고, 이들의 삶의 질은 대체로 낮다고 보고되었다(한국노동연구원, 2012). 또한 남녀의 평균 초혼 연령이 2001년 남성 29.5세와 여성 26.8세에서 2011년 남성 31.9세와 여성 29.1세로 해마다 조금씩 상승하고 있으며(통계청, 2012), 지난 10년간 남녀 모두 2년 이상 결혼이 늦춰지고 있는 실정이다.

이런 청년기의 만혼화 경향은 저임금 비정규직 고용 증가와 청년기 실업 문제와 더불어 우울하고 불안한 청년기를 보내게 한다. 더 나아가면 늦어지는 결혼으로 인해 저출산 문제를 심화시키고 사회적 성장 동력을 떨어뜨리는 중요한 요인이 되기도 한다. 이와 같은 시대적 환경 속에서 그들이 갖고 있는 삶의 문제를 들어 주고 해결해 주어야 할 필요성이 더욱 커지고 있다. 그러므로 이 연구에서는 30대 미혼 여성들이 경험하는 결혼에 대한 태도와 갈등을 불러일으키는 문제들과 대처 방식, 특히 결혼이 늦어지면서 겪게 되는 다양한 심리적 문제를 다루고자 한다.

이러한 사회적 상황에 의해 연구의 필요성이 요구됨에 따라 다음과 같은 연구 목적을 갖고 그에 따른 연구 과제를 수행하고자 한다.

- 30대 미혼 여성이 생각하는 결혼의 본질적 성격과 의미가 무엇인지 탐색한다.
- 30대 미혼 여성은 결혼에서 어떤 유형의 부부관계를 기대하는지 탐색한다.
- 30대 미혼 여성의 삶의 목적과 우선순위에서 결혼은 어떤 비중을 차지하는지 탐색한다.
- 30대 미혼 여성이 결혼에 대해 기대하는 관심사는 무엇인지 탐색한다.
- 30대 미혼 여성이 신체적 · 심리적으로 나이가 들고 있다는 느낌이 결혼 문제에 어떤 영향을 미치는지 탐색한다.
- 30대 미혼 여성의 가족 배경이나 집안 분위기가 결혼 문제에 어떤 영향을 미치는지 탐색한다.
- 30대 미혼 여성은 결혼에 대해 어떤 심리적 동기나 성향을 갖고 있는지 탐색한다.
- 30대 미혼 여성이 결혼 문제에 대해 경험하는 갈등, 스트레스, 불안감 등은 어떠한지 탐색한다.
- 30대 미혼 여성은 이성교제에서 사랑과 성의 문제를 어떻게 이해하고 대처하는지 탐색한다.
- 30대 미혼 여성이 독신 생활에 대해 경험하는 긍정적인 면과 부정적인 면은 어떠한지 탐색한다.
- 30대 미혼 여성의 직업 배경이나 재정 상태가 결혼 문제에 어떤 영향을 미치는지 탐색한다.
- 30대 미혼 여성이 생각하는 배우자 상은 어떤 남성으로 나타나는지 탐색한다.

- 30대 미혼 여성이 결혼을 미루거나 기피하는 이유는 무엇이고 결혼을 방해하는 요소가 무엇인지 탐색한다.

앞의 연구 질문들을 통해 30대 미혼 여성들이 결혼에 대해 어떤 생각을 갖고 있고, 어떤 문제와 갈등에 직면해 있는지, 무엇이 결혼에 대한 결정을 어렵게 하는지 등을 찾아낸다. 또한 주변에서 그들의 결혼 문제를 상담해 주거나 지도해 주는 데 도움을 줄 수 있는 기초 자료를 확보하고 이를 바탕으로 건강하고 성숙한 결혼생활을 안내해 줄 수 있도록 한다. 여기서 이 연구의 핵심 주제와 관심사는 30대 미혼 여성의 결혼에 대한 심리 상태가 어떠하며, 결혼 문제와 관련된 주변 요인이 어떠한지를 전반적으로 살펴본 후 결혼을 늦추거나 기피하게 하는 요인을 찾아 문제점을 진단하고 그 해결 방안을 찾아보는 것이다.

3. 연구 내용과 범위

이 연구에서 다루고자 하는 학문적 주제와 내용은 다음과 같다.

- 청년기의 발달적 특성
  30대 미혼 여성의 삶의 의미와 방식
- 30대 미혼 여성의 이성교제 경험
  30대 미혼 여성의 사랑과 성의 문제
- 30대 미혼 여성의 결혼관
  30대 미혼 여성의 결혼에 대한 심리적 성향

• 독신 또는 비혼의 특성
  독신 또는 비혼의 심리적 배경과 특성

4. 연구 방법

양적 접근으로 잘 드러나지 않는 억압 구조와 소수 집단의 목소리를 중시할 때, 사건의 맥락과 구조에 대한 심층적 분석을 하고자 할 때, 소집단의 역동에 관해 국지적이지만 총체적 연구를 하고자 할 때 양적 연구보다 질적 연구가 적합하고 유용하다고 보고되었다(최종혁, 2009). 질적 연구에서 연구자는 상황을 그것의 독특성 안에서 특정 맥락의 일부로서 이해하고자 하며, 그 상황 속의 다양한 문제에 대한 상호작용을 이해하려고 노력한다.

최근 인문학과 사회과학 분야에서 인간의 삶에 대한 연구의 모델과 방법론으로서 이야기(narrative)라는 패러다임을 통해 인간의 삶의 정황을 보다 총체적으로 이해해 보려는 학문적 관심과 노력이 커지고 있다. 이야기를 통한 접근 방식은 인간의 삶에 대한 논리적이거나, 분석적이거나, 구조화된 접근 방식이 갖는 한계를 극복해 나갈 수 있도록 도와주기도 한다. 이야기는 개인이나 집단이 다른 사람들과 살아가는 관계 속에서, 시간적인 흐름 속에서, 그들의 문화와 삶의 터전 속에서 의미를 발견해 내는 독특한 방식이다. 이야기를 통해 우리가 접하는 세계에 쉽게 의미를 부여하고 우리를 어떤 방향으로 이끌기도 한다. 우리는 이야기를 통해 자신과 세계를 발견하고, 이야기 속에서 인간의 마음과 생각을 이해하므로 한 인간의 정체성과 문제 해결에 대한 통찰을 얻을 수 있다.

내러티브 심리나 내러티브 탐구를 포함한 이야기학(narratology)의 기본 전제는 무엇보다도 인간은 이야기적 존재로 태어나며, 우리는 자신의 이야기의 주체가 되고, 그 이야기는 주제가 있는 우리 삶의 역사적 기록이라는 것이다. 또한 우리는 이야기에 따라 자신의 삶을 살아가는데, 그 이야기는 단지 우리가 알고 있는 것을 설명해 주는 데 그치지 않고, 더 나아가 우리가 알고 있는 것을 구성해 준다. 인간은 세상을 만날 때 이야기를 사용하여 경험을 조직하고 이해한다. 우리가 보고 듣고 겪는 경험은 이야기 형식으로 정리되어 우리의 기억 속에 보관된다. 사람들은 그들이 경험한 사건에 의미를 연결해 이야기를 만들고, 그들이 말하는 이야기를 통해 가치, 믿음, 욕구나 필요 등을 표현한다.

우리는 우리의 삶을 이야기로서 경험하며, 이해하고, 정리해 나가며, 이야기를 통해 우리 자신과 다른 사람들 그리고 이 세계와 관계성을 형성하는 것이다. 우리는 우리 자신과 다른 사람들에 대해 이야기를 통해 설명해 보려 하고, 우리와 다른 사람들의 행동에 대해 의미를 붙일 때도 이야기를 통해 접근해 나간다. 이처럼 이야기는 인간의 삶에서 관계성의 틀과 의미를 밝혀 주는 중요한 통로인 것이다.

내러티브 탐구는 삶의 풍부함을 이야기로 풀어내면서 인간에 대한 이해를 모색하는 연구 방법이다(김대현, 2006). 학문적 연구에 관해 내러티브 방식으로 사고해 봄으로써 우리는 탐구 경험을 여러 수준에서 이야기된 경험으로 개념화할 수 있게 된다. 내러티브 탐구는 경험을 이해하는 방식으로, 경험을 이해하고 경험에 의미를 부여하는 것을 목표로 한다.

클랜디닌과 코넬리는 내러티브 탐구의 기본 틀로서 3차원적 내러티브 탐구 공간이라는 은유를 제시하고 있다(Clandinin & Connelly, 2007). 3차원적 내러티브 탐구 공간은 연구 참여자의 경험을 구성하는 상호작용, 시간성, 장소를 드러낸다. 이 연구에서는 30대 미혼 여성의 사랑하는 대상과의 관계성에 대한 상호작용을 살펴보되, 과거-현재-미래의 삶의 이야기에서 나타나는 생애사적 전개 방식과 그 내용을 듣고 정리하고, 이를 토대로 가정이나 직장에서 나타나는 갈등 양상을 심층적으로 분석하고자 한다.

내러티브 탐구의 단계적 절차는, ① 현장으로 들어가기, ② 현장에서 현장 텍스트로 이동하기, ③ 현장 텍스트 구성하기, ④ 현장 텍스트에서 연구 텍스트로 이동하기, ⑤ 연구 텍스트 구성하기의 단계적 과정으로 진행한다. 이 연구의 자료수집 접근 방법으로 심층 면담, 연구 일지 작성, 기록물 분석 등 여러 가지 방법을 활용할 것이다. 또한 자료의 분석과 제시를 위해 먼저 자료 파일을 만들어 자료를 정리하고, 텍스트를 읽고 여백 노트를 만들어 1차 코딩을 실시하고, 이야기와 경험한 것을 연대순으로 배열하고, 이야기를 확인하고 통찰해 보며 맥락적인 자료들을 분류해 나가고, 이야기의 종합적인 의미를 해석하고, 연구 주제에 따른 독특하거나 일반적인 삶의 경험적 특성에 초점을 둔 서술을 제시할 것이다.

5. 연구 배경

이 연구에서 앞의 학문적 주제들을 심리학과 상담학의 관점에서 살펴보고 정리해 나가고자 하며, 특히 심층적이고 역동적인 관계성 속에서 연구 결과물을 분석해 보고자 한다. 특별히 연구자는 정신분석학과 애착 이론 등의 심층심리학, 이야기 심리와 이야기치료 등의 이야기 관련 학문의 이론적 배경을 갖고 연구 주제를 정리하고 발전시켜 나가고자 한다.

30대 미혼 여성을 연구의 대상으로 선정한 배경은 다음과 같다.

대체로 여성이 남성보다 결혼에 대한 관심이나 민감성이 더 높고 연구 주제에 대한 반응성도 높을 것이라고 보아 여성을 연구 대상으로 정한다. 독신이나 비혼에 대한 사회적 편견도 남성보다 여성이 높은 편이고, 나이가 들수록 독신 생활에 더 쉽게 적응하거나 결혼을 포기하는 성향이 남성보다 여성이 높다고 보아 여성을 연구 대상으로 정한다. 실제로 1인 가구의 성비율도 남성 33.2%와 여성 66.8%로 여성이 남성보다 2배 높다고 보고되어(한국노동연구원, 2012) 여성의 독신 생활과 만혼화의 문제가 더욱 심각한 것으로 나타나고 있다.

연구 대상의 발달적 연령대를 30대로 정한 배경은, 20대는 아직 결혼에 대해 심각하게 고려하고 있지 않기 때문에 연구에서 배제하였고, 40대는 결혼적령기에서 다소 벗어나 연구 주제의 본질적 성격에 초점을 맞추기 어려울 수 있어 배제하였다. 30대가 결혼이냐 독신 생활이냐에 대해 더 진지한 선택의 기로에 서 있고 그에 따른 갈등의 양상도 더 심각할 수 있기 때문이다.

6. 연구 결과의 기대 효과 및 활용

- 이 연구의 주제와 대상의 선정을 통해 그동안 학문적 관심을 별로 받지 못했고, 어떤 면에서 사회적 소외 계층과 약자로 분류될 수 있는 30대 미혼 여성에 대한 새로운 관심을 환기시킬 수 있을 것이다.
- 연구에서 밝혀진 내용과 결과물을 토대로 30대 미혼 여성을 대상으로 적절하고 효과적인 결혼예비상담을 해 나갈 수 있을 것이다.
- 연구에서 밝혀진 내용과 결과물을 바탕으로 30대 미혼 여성을 대상으로 좀 더 현실성 있고 한국 문화와 실정에 맞는 결혼준비 프로그램을 구상하고 개발할 수 있을 것이다.
- 연구에서 밝혀진 내용과 결과물로 30대 미혼 여성의 부모나 다른 가족 구성원들은 그들을 공감하고 받아들이므로 가족관계가 회복할 수 있을 것이다.
- 연구에서 밝혀진 내용과 결과물로 30대 미혼 여성의 직장 상사나 동료들은 그들을 공감하고 이해하므로 관계 개선을 기대할 수 있을 것이다.
- 특히 대학에서 30대 미혼 여성인 학부생이나 대학원생들을 심리적으로 이해하고 지도교수의 입장에서 적절한 대처를 해 나갈 수 있을 것이다.
- 연구에서 밝혀진 내용과 결과물을 바탕으로 미혼 여성의 만혼화와 그로 인한 저출산의 문제에 이르기까지 사회적으로 심각한 당면 과제를 완화해 줄 수 있는 정책과 복지의 사회적 제도

와 장치를 구상하고 개발할 수 있을 것이다.

- 이 연구를 통해 궁극적으로 30대 미혼 여성들이 자신들의 당면 과제를 해결해 내고 건강하고 성숙한 미래 가정 형성에 기여하므로 사회적 성장 동력을 불러일으키고 행복한 미래 사회를 건설해 나갈 수 있을 것이다.

생애사 질문과 정체성 탐색을 위한 활동

1. 출생과 어린 시절

- 당신이 출생했을 때 당신의 가정, 지역 사회, 국내와 외국에 어떤 일들이 있었습니까?
- 당신이 태어나면서 어떤 특별한 일이 있었습니까? (분만 시 특이 사항)
- 어린아이였을 때 정서나 기분은 대체로 어떠했습니까?
- 당신은 부모님의 기대와 요구에 순응하려고 애썼습니까?
- 당신은 어린 시절 집에서 도망치고 싶은 기분을 느낀 적이 있습니까?
- 당신은 어린 시절 일찍 컸으면 하고 바란 적이 있습니까?
- 당신은 어린 시절을 다시 한번 살아볼 수 있다면 하고 바란 적이 있습니까?
- 어린 시절 나에게 가장 좋았던 날은 언제이고 어떤 날이었습니까?
- 어린 시절 나에게 가장 나빴던 날은 언제이고 어떤 날이었습니까?
- 어떤 특별한 날을 다시 기억해 보십시오. (당신의 생일, 학교에서 소풍 간 날 등) 그때 가장 생생하게 기억나는 것은 무엇입니

까? 그 기억을 생각할 때, 어떤 감정이 생기고 어떤 기분이 듭니까?

- 어렸을 때 무엇을 두려워했습니까? 가장 무서워했던 어떤 경험을 기억할 수 있습니까?
- 어렸을 때 나는 언제 가장 행복했습니까?
- 어렸을 때 나는 언제 가장 외로웠습니까?

2. 가족관계

- 당신의 부모님을 어떻게 묘사하고 싶습니까? 부모님의 성격과 감정적인 분위기를 어떻게 설명하고 싶습니까? 그들에게서 가장 좋았던 것과 나빴던 것은 무엇입니까? 당신은 그들에게서 무엇을 물려받았다고 생각합니까? 당신의 부모님을 생각할 때 어떤 감정이 생깁니까?
- 당신의 형제들은 어떠했습니까? 서로 잘 지냈습니까? 어째서 잘 지내거나 그렇지 못했습니까?
- 당신의 조부모님에 관해 가장 기억나는 특징은 무엇입니까? 그중 어떤 것을 가장 좋아하고, 혹은 반대로 가장 싫어합니까?
- 가족관계 속에서 당신은 주로 어떤 역할을 맡고 어떤 기능을 해 왔습니까?
- 가족관계 속에서 의사소통은 서로 어떤 방식으로 이루어집니까?
- 가족관계 속에서 친밀감의 표현은 서로 어떤 방식으로 이루어집니까?

- 가족관계 속에서 권력은 누구에게 집중되고 어떤 영향을 줍니까?
- 가족관계에서 갈등이나 분쟁이 생길 때 당신은 주로 어떤 방식으로 대처해 나갑니까?
- 가정에 어려운 문제가 생기거나 위기가 닥칠 때 가족 구성원들은 각기 어떤 방식으로 반응을 합니까?

3. 삶의 이야기

- 당신의 삶에서 인생의 의미를 알려 주는 어떤 이야기를 찾아낼 수 있습니까?
- 당신의 삶에서 어떤 플롯을 찾아낼 수 있습니까? 이런 삶의 플롯들이 당신의 과거-현재-미래의 연속성을 어떻게 설명해 줍니까?
- 나의 과거 이야기는 어떤 주제와 플롯을 지니고 있습니까?
- 나의 미래 이야기는 어떤 주제와 플롯을 지니고 있습니까?
- 당신의 이야기 속에서 당신 자신을 어떤 인물로 설명하고 싶습니까?
- 당신의 이야기 속에서 다른 중요한 등장인물들은 누구입니까? 그들은 어떤 역할을 합니까?
- 당신의 꿈과 비전은 인생의 발달 단계(아동기-청소년기-청년기-중년기-노년기)를 거치면서 어떻게 변했습니까? 무엇이 그런 변화에 영향을 주었습니까? 깨어지고 사라진 꿈에 대해 어떤 감정을 느낍니까?

- 당신의 삶에는 어떤 치유적인 이야기를 갖고 있습니까?

4. 정체성 탐색을 위한 질문

- 나의 신체적 모습은 나에게 무엇을 말해 줍니까?
- 나를 동물로 표현하고 싶다면? 식물로 표현하고 싶다면? 어떤 무생물로 표현하고 싶다면 어떻게 표현하겠습니까?
- 나를 형용사로 표현한다면? 동사로 표현한다면 어떻게 표현하겠습니까?
- 나를 색깔로 표현한다면 어떻게 표현하겠습니까?
- 내가 보는 나는 어떤 사람입니까?
- 다른 사람들은 나를 어떤 사람이라고 말합니까?
- 내가 닮고 싶은 사람은 누구입니까?
- 나의 매력 포인트는 무엇입니까?
- 나의 자랑거리는 무엇입니까?
- 내가 원하는 것은 무엇입니까? (꿈과 비전)
- 내가 성취했던 꿈과 가장 만족스러운 성취는 무엇입니까?
- 나를 기쁘고 행복하게 하는 것은 무엇입니까?
- 내가 좋아했거나 좋아하는 영화 10가지는 무엇입니까?
- 내가 좋아했거나 좋아하는 배우나 연예인은 누구입니까? (남성과 여성)
- 내가 좋아했거나 좋아하는 공연물은 무엇입니까? (연극, 뮤지컬, 발레 등)

- 내가 좋아했거나 좋아하는 책들은 무엇입니까?
- 내가 좋아했거나 좋아하는 작가들은 누구입니까?
- 내가 좋아했거나 좋아하는 노래들은 무엇입니까?
- 내가 좋아했거나 좋아하는 가수, 음악가, 밴드, 오케스트라 등은 누구입니까?
- 내가 좋아했거나 좋아하는 그림, 조각, 예술품은 무엇인지 또는 화가나 예술가는 누구입니까?
- 내가 좋아했거나 좋아하는 음식과 음식점은 무엇입니까?
- 내가 좋아했거나 좋아하는 스포츠, 운동은 무엇이며 운동선수는 누구입니까?
- 내가 방문했던 좋아하는 국가나 도시들, 여행지는 어디입니까?

5. 정체성 탐색을 위한 활동 과제

(1) 내면의 나, 외면의 나

자신의 모습을 그림으로 표현해 보십시오.

- 밖의 세계가 보고 있는 것
- 내면에서 일어나고 있는 것

(2) 나만의 특별한 장소나 공간

- 내가 휴식과 쉼을 위해 언제든지 갈 수 있는 곳 또는 내게 안전하고 편한 장소는 어디입니까? 그림이나 말로 표현해 보십시오.

- 내가 가장 나다울 수 있는 곳이나, 그곳에 가면 신나고 힘이 나는 장소는 어디입니까?

(3) 과거와 현재의 나

떠오르는 나의 모습을 괄호 속에 적어 보십시오.

예전에 나는 ( ),

그러나 지금의 나는 ( ).

(4) 시간 속에서의 나

- 시계의 종류, 색깔, 모양을 생각하며(탁상시계, 벽시계, 손목시계, 디지털 시계 등) 숫자가 있는 시계를 그려 본다.
- 자신이 그린 시계를 보면서 지금 내 인생은 몇 시를 가리키고 있는지 시계에 시간을 표시한다.
- 지금 이 시간 나는 어디서 무엇을 하고 있는가?
- 지금 이 시간은 나에게 어떤 의미가 있는가?
- 지금 이 순간 나를 사로잡고 있는 감정은 무엇인가?
- 지금 이 순간 나 자신에 대해 새롭게 발견한 것은 무엇인가?
- 마찬가지로 시계에 하루 중 내게 가장 편안하고 기분 좋은 시간은 언제인지, 가장 힘든 시간은 언제인지, 가장 중요한 시간은 언제인지 표시하거나 종이 여백에 적어 본다.

참고문헌

강현석(2016). 인문사회과학의 새로운 연구방법론: 내러티브학 탐구. 서울: 한국문화사.

고기홍, 김경복, 양정국(2010). 밀턴 에릭슨과 혁신적 상담. 서울: 시그마프레스.

김경희, 정혜정(2011). 대학생들의 성, 사랑, 결혼에 관한 내러티브 탐구: 수업 중 저널쓰기를 기초하여. 한국가족관계학회지, 15(4), 51-71.

김대현(2006). 내러티브 탐구의 이론적 기반 탐색. 교육과정연구, 24(2), 111-134.

김병극(2012). 내러티브 탐구의 존재론적, 방법론적, 인식론적 입장과 탐구과정에 대한 이해. 교육인류학연구, 15(3), 1-28.

김성회(2019). 상담학과 연구. 고홍월 외 공저. 상담연구방법론(pp. 21-50). 서울: 학지사.

김수진(2016). 비자살적 자해의 시작과 중단에 대한 내러티브 탐구. 숙명여자대학교 대학원 박사학위 논문.

김순란(2020). 여성 목회자의 가족 관계 갈등 경험에 관한 내러티브 탐구. 평택대학교 대학원 박사학위 논문.

김영천, 한광웅(2012). 질적 연구방법으로 생애사연구의 성격과 의의. 교육문화연구, 18(3), 5-43.

김정숙(2018). 파킨슨병 환자의 투병 경험에 관한 내러티브 탐구. 평택대학교 대학원 박사학위 논문.

김종구(1998). 플롯론·서사구조론의 전개양상과 소설시학. **한국문학이론과 비평**, 2, 163-186.

김춘경(2010). 중년기 우울 여성의 우울경험에 대한 질적 연구. **상담학연구**, 11(4), 1783-1806.

김태호(2013). 서사적 사고의 작용방식 연구: 플롯 구성을 통한 삶의 인식 과정을 중심으로. **문학교육학**, 41, 173-204.

남궁달화(2007). J. Dewey의 경험의 성장으로서의 도덕교육론 고찰. **윤리교육연구**, 14(14), 229-256.

노병철, 변종현, 임상수(2000). **현대 사회와 이데올로기**. 경기: 인간사랑.

노은희(2021). 심리상담 전문가의 탈북배경 청소년 상담 경험에 대한 내러티브 탐구. 이화여자대학교 대학원 박사학위 논문.

방은수(2018). 인물 구성 중심 서사적 모의실험 교육 연구. **청람어문교육**, 66(66), 195-230.

신경숙(2008). **엄마를 부탁해**. 경기: 창비.

안영미(2008). 내러티브 탐구를 통한 두 남성 노인의 삶과 죽음에 관한 이해. 이화여자대학교 대학원 박사학위 논문.

양유성(2004). 이야기치료의 상담 원리와 방법론. **상담과 선교**, 45, 6-34.

양유성(2008). **이야기치료: 이야기를 통한 인간이해와 심리치료**. 서울: 학지사.

염지숙(2001). 내러티브 탐구(Narrative Inquiry): 그 방법과 적용. **질적 연구학회 학술대회 자료집**, 2001(2), 37-45.

염지숙(2003). 교육 연구에서 내러티브 탐구(Narrative Inquiry)의 개념, 절차, 그리고 딜레마. **교육인류학연구**, 6(1), 119-140.

염지숙(2009a). 유아교육 실습 지도교사 이야기: 가르치며 배우고, 배우며 가르치기. **유아교육연구**, 27(4), 135-159.

염지숙(2009b). 유아교육연구에서의 내러티브 탐구: '관계'와 '삼차원적 내러티브 탐구 공간'에 주목하기. 유아교육학논집, 13(6), 235-253.
염지숙(2012). 발달장애아를 둔 결혼이주여성의 삶: 희망과 가능성의 이야기. 유아교육연구, 32(4), 403-425.
염지숙(2013). 누리반 유아들의 다문화 교실 공동체 만들어가기. 유아교육연구, 33(6), 137-163.
염지숙, 염지혜(2015). 한부모 가정 유아를 양육하는 조손가족 조모와 손자녀의 삶을 통해 본 가족의 의미. 유아교육학논집, 19(3), 319-342.
유기웅, 정종원, 김영석, 김한별(2012). 질적 연구방법의 이해. 서울: 박영스토리.
이승은(2011). 내러티브란 무엇인가? 교육비평, 29, 181-189.
이한나(2021). 기독 국악전공자의 국악 찬양을 통한 치유경험에 관한 내러티브 탐구. 평택대학교 대학원 박사학위 논문.
정보라(2020). 집단미술치료를 통한 '엄마 되어가기' 내러티브 탐구: 내담아동 어머니의 아동기 탐색 경험 중심으로. 영남대학교 대학원 박사학위 논문.
정희자(1999). 삶으로서의 은유. 부산외대논총, 19(3), 219-247.
조난영(2018). 그림책을 통한 가정폭력 가해자의 동일시 경험에 관한 내러티브 탐구. 평택대학교 대학원 박사학위 논문.
조난영(2020). 그림책과 함께하는 시공관 독서치료. 서울: 렛츠북.
최민수(2009). "자료가 스스로 말하게 하라": 질적 방법으로서의 내러티브 연구 방법. 한국기독교상담학회지, 18, 265-288.
최영민(2010). 쉽게 쓴 정신분석이론. 서울: 학지사.
최종혁(2009). 질적 연구방법론: 현상학적 자기평가론. 경기: 양서원.
통계청(2012). 2012 국가 통계백서.
한계수(2013). 기독교인 치매환자가족의 죄책감 경험에 관한 내러티브 탐구. 평택대학교 대학원 박사학위 논문.
한국노동연구원(2012). 2012 KLI 노동 통계.
현은자, 김세희(2005). 그림책의 이해 1. 경기: 사계절.

홍영숙(2015). 내러티브 탐구에 대한 이해. 내러티브와 교육연구, 3(1), 5-21.

Andrew, D. L. (1997). 희망의 목회상담(*Hope in pastoral care and counseling*). (신현복 역). 서울: 한국심리치료연구소. (원저는 1995년에 출판).

Aristotle. (2002). 시학(*De arte poetica liber*). (천병희 역). 서울: 문예출판사. (원저는 1922년에 출판).

Clandinin, D. J. (2011). 내러티브 탐구를 위한 연구방법론(*Handbook of narrative inquiry: Mapping a methodology*). (강현석, 소경희, 박민정 공역). 경기: 교육과학사. (원저는 2006년에 출판).

Clandinin, D. J. (2015). 내러티브 탐구의 이해와 실천(*Handbook of narrative inquiry: Mapping a methodology*). (염지숙, 강현석, 박세원 공역). 경기: 교육과학사. (원저는 2006년에 출판).

Clandinin, D. J., & Connelly, F. M. (1990). Stories of experience and narrative inquiry. *Educational Researcher, 19*(5), 2-14.

Clandinin, D. J., & Connelly, F. M. (2007). 내러티브 탐구: 교육에서의 질적 연구의 경험과 사례(*Narrative inquiry: Experience and story in qualitative research*). (소경희, 강현석, 조덕주, 박민정 공역). 서울: 교육과학사. (원저는 2000년에 출판).

Clandinin, D. J., Cave, M. T., & Berendonk, C. (2017). Narrative inquiry: A relational research methodology for medical education. *Medical Education, 51*, 89-96.

Gerald, C. (2001). 상담 및 심리치료의 통합적 접근(*The art of integrative counseling*). (한명호 역). 서울: 시그마프레스. (원저는 2001년에 출판).

McAdams, D. P. (2015). 이야기 심리학: 개인적 신화의 탐색과 재구성(*The stories we live by: Personal myths and the making of the self*). (양유성, 이우금 공역). 서울: 학지사. (원저는 1993년에 출판).

Polkinghorne, D. E. (1988). *Narrative knowing and the human sciences*. Albany: State University of New York Press.

Schweitzer, J. R., & Knudson, R. M. (2013). Dialogues with presence: A narrative inquiry into calling and dreams. *Pastoral Psychology, 63*(2), 133-146.

Webster, L., & Mertova, P. (2017). 연구방법으로서의 내러티브 탐구(*Using narrative inquiry as a research method: An introduction to using critical event narrative anal*). (박순용 역). 서울: 학지사. (원저는 2007년에 출판).

찾아보기

인명

내용

저자 소개

양유성(梁有盛, Yang Yoo Sung)

총신대학교 신학대학원(M.Div. 실천신학 전공)

미국 Calvin Theological Seminary(Th.M. 목회상담학 전공)

미국 Boston University(Th.D. 목회심리학 전공)

서울한영대학교 상담심리학과 교수

평택시 생명존중위원회 위원

평택대학교 학생생활연구소 소장

평택대학교 피어선심리상담원 원장

현 평택대학교 신학전문대학원 교수

〈주요 저 · 역서〉

『이야기 심리학: 개인적 신화의 탐색과 재구성』(공역, 학지사, 2015)

『게임 중독의 심리분석: 게임 중독과 인터넷 중독의 유혹과 대가』(역, 학지사, 2016)

『우리 주님의 재림』(역, 평택대학교 출판부, 2017)

『부부 및 가족 상담』(2판, 공저, 학지사, 2018) 외 다수

〈주요 논문〉

「외도상담에서 분노의 심리와 치료적 함의」(목회와 상담, 2013)

「아더 피어선의 목회사역과 정체성 형성에 대한 목회심리학적 고찰」
(신학과 실천, 2014)

「목회상담에서 은유의 치료적 함의」(피어선 신학 논단, 2015)

「아더 피어선의 미래 이야기에 관한 목회상담학적 고찰」
(피어선 신학 논단, 2017) 외 다수

이메일: yyspl@hanmail.net

한계수(韓桂洙, Han Kye Soo) 이메일: hks9621@hanmail.net

합동신학대학원대학교(M.Div. 목회학 전공)
평택대학교 대학원(Th.M. 목회상담학 전공)
평택대학교 신학전문대학원(Ph.D. 상담학 전공)
예장합신 교육부 연구원
평택대학교 지역사회상담센터 전문상담사
평택대학교 강사
충남일자리진흥원 노사민정사무국 전문상담사
현 평택평안심리상담센터 전문상담사

〈주요 논문〉

「기독교인 치매환자가족의 죄책감 경험에 관한 내러티브 탐구」(평택대학교, 2013)

조난영(曺蘭榮, Cho Nan Young) 이메일: shemon0304@naver.com

한세대학교 심리상담대학원(M.A. 심리치료상담 전공)
평택대학교 신학전문대학원(Ph.D. 상담학 전공)
평택시 건강가정 · 다문화가족지원센터 외래강사
우석대학교 학생상담센터 외래강사
현 한국상담학회 슈퍼바이저
한국독서치료학회 이사
휴가족심리상담연구소 소장

〈주요 저서〉

『그림책과 함께하는 독서치료 프로그램: 그림책 독서치료의 실제 활용 지도안』(렛츠북, 2020)
『그림책과 함께하는 시(時)공(空)관(關) 독서치료: 시공관 그림책 30선과 실제 사례』(렛츠북, 2020)
『그림책으로 여는 세상: 그림책 독서치료의 이해와 실제』(렛츠북, 2020)

〈주요 논문〉

「그림책을 통한 가정폭력 가해자의 동일시 경험에 관한 내러티브 탐구」(평택대학교, 2018)
「그림책을 통한 가정폭력 가해자의 동일시 경험 연구」(독서치료연구, 2019)

상담학 논문 작성을 위한 내러티브 탐구

Narrative Inquiry

2022년 1월 20일 1판 1쇄 인쇄
2022년 1월 30일 1판 1쇄 발행

지은이 • 양유성 · 한계수 · 조난영

펴낸이 • 김진환
펴낸곳 • (주) 학지사
04031 서울특별시 마포구 양화로 15길 20 마인드월드빌딩
대표전화 • 02)330-5114 팩스 • 02)324-2345
등록번호 • 제313-2006-000265호

홈페이지 • http://www.hakjisa.co.kr
페이스북 • https://www.facebook.com/hakjisa

ISBN 978-89-997-2561-6 93180

정가 15,000원